Tamborizar

História e memória de Roda d'Água

Edileuza Penha de Souza

Tamborizar

História e memória de Roda d'Água

Ficha técnica
Autora: Edileuza Penha de Souza
Edição: Vagner Amaro
Coordenação: Gustavo Fontele Dourado
Assistente de coordenação: Micaella Rocha
Capa: Dandara Santana
Diagramação: Maristela Meneghetti
Revisão: Louise Branquinho & Carlos Eduardo Pini Leitão
Ilustração de capa: Romulo Cabral de Sá (Sazito)
Produtor executivo: Nicolau Araújo
Patrocínio: Fundo de Apoio à Cultura do Distrito Federal

Esse projeto foi patrocinado pelo fundo de apoio à Cultura do Distrito Federal

   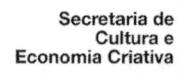 

Dados internacionais de catalogação na publicação (CIP)
Vagner Amaro – Bibliotecário - CRB-7/5224

S729t Souza, Edileuza Penha de
          Tamborizar: história e memória de Roda d'água / Edileuza Penha
       de Souza. — 1. ed. — Rio de Janeiro : Malê, 2024.
       180 p. : il; 23 cm.

          ISBN 978-65-85893-08-4

          1. Música na educação 2. Roda d'Água (Cariacica, ES)
          3. Formação de crianças e adolescentes I. Título
                                                          CDD 780.7

Índice para catálogo sistemático: 1. Música na educação: 780.7

Editora Malê
Rua Acre, 83, sala 202, Centro. Rio de Janeiro (RJ)
www.editoramale.com.br
contato@editoramale.com.br

SUMÁRIO

Prólogo: Tambores, quilombos, quilombolas: caminhos de resistência pelo afeto...7

Prefácio: O tambor é revolucionário 13

1. INTRODUÇÃO 21
1.1 Vivenciar e Conceber – Metodologia dos Tambores de Congo.................25
1.2 De Roda d'Água, minha raiz, para o Brasil...30
1.3 Análise de Dados – O processo de recriação na educação comunitária...37
1.4 O Congo enquanto suporte na formação do(a) adolescente negro(a).....38
1.5 A criança e adolescente negro(a) na diversidade da comunidade/sociedade e da escola..42
1.6 Confronto da escola com as relações étnico-raciais e culturais 44
1.7 Banda de Congo Mirim de Roda d'Água...47
1.8 Brinquedos e brincadeiras – a pedagogia do ser feliz.................................51
1.9 Banda mirim, perpetuando a tradição e a ancestralidade.................................55

2. ESCOLA – NASCIMENTO E MORTE DOS SENTIDOS.................57
2.1 Escola Municipal de Ensino Fundamental Ângelo Zany.................63
2.2 Um Currículo para os Tambores de Congo...70
2.3 A Lei nº 10.639 na escola – Caminhos para os Tambores de Congo 73
2.4 Diversidade, pluralidade e Tambores de Congo 78

3. RODA D'ÁGUA – QUEM BEBE DESSA FONTE NÃO ESQUECE 83
3.1 Os instrumentos – o prazer lapidado a mão 96
3.2 Carnaval de Congo – Uma promessa para Iaiá 99

3.3 As máscaras do Carnaval de Congo...105

4. *ARKHÉ* – DOMÍNIO E ENERGIA DOS TAMBORES DE CONGO DE RODA D'ÁGUA...111
4.1 O fogo – poder que aquece os Tambores de Congo............................116
4.2 Tambores de Congo – Cultura Africana..119

5. BANTOS E ANCESTRES REPRESENTADOS NO CULTO A SÃO BENEDITO..123
5.1 A presença banta e o território dos tambores..123
5.2 A entrada das mulheres no Congo – triunfos, organização e beleza.........132
5.3 Reis de Congo e Congada, estratégias e táticas dos africanos.............136
5.4 Devoção aos ancestres representada no culto a São Benedito...................138
5.5 A Cortada do Mastro – uma promessa a pagar.....................................142
5.6 A Fincada do Mastro – fundamentos de identidade.............................143
5.7 Retirada do Mastro – uma possibilidade para a escola........................145

6. REVOLTA DO QUEIMADO – SINGULARIDADES DO DESEJO DE LIBERDADE...147
6.1 Ancestralidade – vínculos que redimensionam São José do Queimado153
6.2 São José do Queimado e o encontro dos pássaros de fogo.........................156

7. CONCLUSÃO..163

REFERÊNCIAS...169

PRÓLOGO: Tambores, quilombos, quilombolas: caminhos de resistência pelo afeto

Graça Veloso[1]

Não preciso de papel para desenhar as letras de minha história. Minha história está gravada na pele, nos cheiros, nas cores e nos sabores que vivi. Minha história ainda ressoa de gritos ouvidos na travessia de mares revoltos, em terras distantes. Minha história está encravada no corpo que sou. E principalmente do legado de meus ancestrais. Com essas palavras, quero pedir licença aos povos de Santos, de Nkisi, de Voduns e Orixás, para me aproximar do encantamento de mundo que esta leitura me deu.

Afinal, quase quinze anos depois de sua defesa, como dissertação de mestrado, vem ao universo editorial, em forma de livro, este Tamborizar, de Edileuza Penha. E penso que não é mera coincidência com o momento que vivemos. Considero que é somente uma resposta das necessidades que temos de manutenção de nossa incipiente democracia cultural. Existe hoje, nos meios mais comprometidos com avanços nas conquistas sociais, uma consciência estabelecida de que elas não se consolidam por si só. Por esses pensares, é necessário um permanente estado de alerta para que não sejam perdidas. Procedimentos pacíficos de reconhecimento dos direitos humanos e dos direitos e deveres de cidadania, não podem nunca ser negligenciados. Assim compreendendo, parto do princípio de que, ao

---

1 Graça Veloso (Jorge das Graças Veloso), natural de Silvânia, Goiás, é ator, diretor e dramaturgo. Doutor e Mestre em Artes Cênicas pela UFBA, fez estágio pós doutoral em Arte e Cultura Visual pela UFG. Líder do Afeto - Grupo de Pesquisa em Etnocenologia, é docente no Departamento de Artes Cênicas e nos programas PPGCEN e PROFARTES, todos na UnB.

invés de falar dos velhos e repetidos mecanismos de docilização, é mais importante replicar, insistentemente, propostas como as que visibilizam os incontáveis movimentos de resistência estabelecidos no país. Dentre um sem número de outros, estou falando das comunidades religiosas não hegemônicas, dos grupos LGBTI, feministas, dos povos da floresta e das periferias das grandes cidades. No mesmo campo estão as comunidades quilombolas, os sem teto e sem terra, as inúmeras minorias culturais e artísticas, e, especialmente, a maioria negra, pretos e pardos, dos habitantes deste recorte chamado Brasil.

E é exatamente deste lugar que fala Edileuza Penha. De um lócus onde se produzem as resistências. E seus tambores são dirigidos aos responsáveis pelo falseamento de nossas verdades, o que transforma maiorias em enganosas minorias. E é também para um dos grupos mais definidores do que se torna, com o passar do tempo, nossa sociedade. Edileuza grita, ao som dos tambores de Congos, no ouvido da comunidade responsável por uma escolarização claramente branqueadora de nossas instituições. Isso desde pequenas escolas rurais, localizadas em Roda D'Água, no ES, em Sobradinho, no DF, ou no Posto Samambaia, em GO, até o Ministério da Educação, nos castelos da parcela burocrática de Brasília, muitas vezes tão distante das plurais realidades de nosso povo. Assim percebo a fala de Edileuza Penha.

A trajetória traçada ao longo dos últimos cinco séculos no Brasil nos demonstra uma realidade inequívoca. Existe, na história deste país, um caminho que aparenta ser natural, de tentar submeter culturas diferentes aos desígnios da hegemonia imposta por grupos invasores. Para colonizar uma cultura, o caminho mais simples é começar por substituir seus mitos por outros, de domínio do colonizador. A consequência imediata é a imposição de uma nova corporeidade, acompanhada de outra musicalidade, na celebração de suas cosmogonias. Como resultado, teremos a repetição dos ritos hegemônicos, etnocentrados na estética do dominador. Simples assim, não fosse outro processo natural de todo agrupamento humano: a resistência. A toda tentativa de docilização se contrapõe um movimento, em maior ou menor escala, de resistência cultural e de permanência daquilo que torna o grupo no que ele considera ser. Mesmo na diáspora atlântica de escravização de corpos negros africanos para produzir riquezas para brancos europeus, nas chamadas novas terras de América, o que mais aparece são movimentos de insubmissão. E isso apesar de toda uma educação voltada para tornar invisíveis esses movimentos. Desde suicídios nas embarcações negreiras em travessias do Atlântico, até o surgimento de incontáveis quilombos, nas terras brasilis, por exemplo, são retratos dessa resistência. Em fala no I Encontro Brasiliense de Etnocenologia, realizado em novembro de 2018, Edileuza Penha afirmava que devemos nos lembrar, sempre, que os quilombos nunca foram lugares somente de negros fugidos. Eram, antes de tudo, fortalezas de combate à escravização, todas ocupadas por pretos e pretas, povos das florestas que não se submeteram e brancos antiescravagistas.

E é deste lugar, dos Quilombos, agora com características de resistência a um conjunto de imposições a um novo uno hegemônico, em todos os campos da convivência societal, que quero falar. Exatamente por isso "tamborizações" e "aquilombamentos", como pensado por Edileuza, tornam-se tão prementes.

Assim, gostaria de colocar essas reflexões a partir de uma perspectiva em que a pesquisa de Edileuza Penha vem ao encontro de princípios fundantes da Etnocenologia. Quando Armindo Bião, um de seus principais criadores, nos propõe, inicialmente, a tríade trajeto-objeto-projeto, ele já nos sinaliza que é impossível fazer pesquisa sem a subjetividade, historicamente tão negada pelas experimentações científicas. Com o avanço das discussões sobre esta nova etnociência das artes do corpo e do espetáculo, outras configurações lhe são agregadas. Principalmente a partir de sua vertente brasileira, mais fortemente estabelecida na Bahia e, marcadamente inovadora, no Pará. Ao termo trajeto se anexa, por suas diversas conotações, o afeto, como sempre reafirma Miguel Santa Brígida, um de seus atuais expoentes, líder do Grupo de Pesquisa Tambor, da UFPA. Então, a apetência gerada pelo desejo advindo da trajetória do pesquisador se transmuta em algo composto também pela afetividade, pela amorosidade, como já sinalizava Paulo Freire, e pelo afecto. Seguindo esta linha de pensamento, existiria uma competência única para se falar de um determinado recorte de pesquisa, gerada por identificações trajeto/afetivas que são exclusivas de cada indivíduo.

Edileuza Penha tem esse comprometimento. Produzir o seu Tamborizar não é somente o resultado de uma investigação localizada no tempo/espaço restrito ao lugarejo de Roda D'Água de inícios dos anos dois mil. Vem de muito antes, de seu lugar particular de fala, no seu *vivido-concebido, desde dentro para desde fora*, que nos é apresentado na Introdução, em diálogo com Marco Aurélio Luz. O sentido dessa trajetória que leva a uma apetência inicial por um determinado recorte é radicalizado a partir do subcapítulo 1.2. Somos levados a uma viagem encantada, ao "presenciar" imaginariamente os passeios da autora, "saboreando" jaca, cana e cajá manga, pelos quintais de um sítio da região. Aproximação inevitável a uma rizomatização (Deleuze e Guatari) com os saberes e fazeres próprios do lugar, com especial "degustar" dos Tambores de Congos. Metaforicamente, o mel da cana-de-açúcar, associado ao gosto das frutas, que passaram pelo prazer físico da experiência, fizeram, inegavelmente, uma apetência única, que só a ainda menina Edileuza poderia vir a ter. É algo intransferível, inalienável e inolvidável. E se torna, portanto, a alma da pesquisa, que, com as características aqui percebidas, jamais poderia ser realizada por outra pessoa.

Experiência, nos presentes escritos, não poderia ainda ser vista somente pela perspectiva única de "atravessamento", proposta do espanhol Larrosa Bondía. Vai beber também nas águas da coletividade, trazidas em citação à cultura xhosa, no provérbio "umuntu ngumuntu ngabantu, ou "uma pessoa é uma pessoa por meio das outras pessoas". Ou, em fala de Mestre Gaudêncio, na introdução do Capítulo IV: *O Jeoval [...] Ele tinha o congo, mais sozinho não era nada, só era congo se tivesse nós, aí éramos o congo, sem nós ele não era nada. Era tronco oco, nós é quem formava o congo.* Não esquecendo, nunca, que Edileuza Penha carrega, na própria vida, a experiência da negritude, e ocupa na academia o lugar dos quilombos intelectuais. É lócus e prática de resistência, extrapola toda a imposição do uno, em seu exercício cotidiano de proposições, principalmente para a escolarização. Enxerga, também, que o lugar do negro e da negra na sociedade brasileira não é o do oprimido sem voz das "ilustrações" históricas. É, acima de tudo, sujeito e persona de seu protagonismo, exercido nas incontáveis lutas de implantação de outras maneiras de perceber e se colocar no mundo, tendo, como exemplo na pesquisa, a Revolta do Queimado.

Por tudo isso, a competência exclusiva da autora para falar de seu "objeto", que prefiro tratar como recorte de pesquisa. É por essa maneira própria de perceber os tambores que ela vai citar as inevitáveis atualizações do rito escolhido, ao dizer que "em Roda d'Água, somente Mestre Prudêncio utiliza ainda os tambores de tronco de árvores. Todas as Bandas de Congo usam os tambores de barris de vinho". Ou ainda vai dialogar com Roger Bastide, para dizer que "por meio dos 'santos negros', ou nas congadas, os rituais africanos puderam ser perpetuados, sem grandes interferências das classes dominantes". E continuar afirmando sua perspectiva inusitada sobre os fazeres daquele grupo, a ela tão acolhedor: "Um olhar desavisado verá o Carnaval de Congo como mais uma festa de divertimento de massa. Entretanto, para a comunidade congueira de Roda d'Água, a aparente submissão é meramente a garantia para sair as ruas, bater congo e louvar os ancestrais".

Ora, existe aqui uma clara sinergia, demonstrada entre o como se sente a pesquisadora/educadora, em sua trajetória de aproximação com os Tambores de Congos de Roda D'Água, com os seus saberes de "vivido concebido, desde dentro para desde fora". Isso é competência única, que só poderia resultar em projeto de escolarização. O que aparece em todo o afeto perceptível em cada referência aos sujeitos com os quais vai dialogar. É o exercício de uma escuta sensível a cada movimento, seja ele de recusa de professoras e professores, ao uso dos tambores como conteúdos educativos, ou de percepção de uma verdadeira "pedagogia subterrânea" nas práticas rituais do grupo. Esta noção, da qual me aproximei nos últimos anos, é apresentada por Álamo Pimentel Gonçalves da Silva, em dissertação de mestrado, em estudos agropecuários. Foi trazida para os estudos teatrais por Larissa Martins e Sinésio da Silva Bina, em dissertação de Mestrado e Monografia de Conclusão de Licenciatura, respectivamente, ambas na Universidade de Brasília, onde tem repercutido também em Educação.

Aparece aqui, neste livro, não com a denominação de "pedagogias subterrâneas", mas com suas concepções implícitas, em referências como "Os encontros das crianças e adolescentes nos ensaios e apresentações da Banda Mirim são momentos que criam perspectiva de uma educação em que o aprender e o ensinar se dão em todas as horas, em todos os locais, em todos os momentos"; ou quando cita Helena Teodoro, para dizer que "a pedagogia do mundo africano é 'iniciática, o que implica participação efetiva, plena de emoções, onde há o espaço para cantar, dançar, comer e partilhar'".

Como ela mesma diz, são eles, os saberes e fazeres de sua pesquisa, "patrimônio cultural de ancestralidade compreendido como composição da manutenção da memória individual e coletiva das populações tradicionais". Assim compreendo que é, neste e por este Tamborizar, Edileuza Penha: um dos mais instigantes Quilombos instalados, de maneira intransponível, nos muros de defesa do que existe de mais potente em nosso processo civilizatório. Negra, mulher, verdadeira quilombola acadêmica, emite o mais poderoso grito de resistência dos nossos tempos: ela fala pela escuta ao todo, pelo acolhimento ao diverso, pelo afeto a todas e todos que têm no sensível o caminho para a proposição de um outro mundo. Mundo este onde sejamos vistos somente por aquilo que somos: seres humanos.

Brasília, janeiro de 2019.

PREFÁCIO: O tambor é revolucionário

Sandro Silva[1]

O livro que o leitor tem em mãos é o resultado de dedicação intelectual, de um projeto político emancipatório e de afeto, muito afeto. Sem esses componentes não seria possível plantar as sementes que geminariam as mudanças institucionais que levaram ao reconhecimento dos direitos de negras e negros no país e colocariam em dúvida de vez o sistema de apartheid epistêmico da academia brasileira.

Apresentado como dissertação de mestrado em 2005 na Universidade Estadual da Bahia, junto ao Programa de Pós-graduação Mestrado em Educação e Contemporaneidade na Linha Pluralidade Cultural, o texto é uma contribuição substantiva ao estudo da Diáspora Africana no estado do Espírito Santo. Posso dizer que, embora finalizado em 2005, as ideias aqui contidas nasceram muito antes, na luta de Edileuza por uma sociedade mais justa e livre do racismo. Elaborado com uma metodologia participativa e com perspectiva intercultural, o livro levará o leitor a uma viagem singular que reúne experiências sensíveis e críticas a respeito do racismo na escola e as formas de enfrentá-lo.

Sem esses componentes não ouviríamos das páginas do livro pensamentos tão inspiradores como os dos jovens que afirmam que "quando eu toco congo eu sou a pessoa mais feliz do mundo", ou aqueles

---

[1] Doutor em Antropologia pela Universidade Federal Fluminense, mestre em Antropologia Social pela Universidade Estadual de Campinas e Bacharel em Ciências Sociais pela Universidade Federal do Espírito Santo. Professor Adjunto na Universidade Federal do Espírito Santo na Graduação em Ciências Sociais e nos Programas de Pós-graduação em Ciências Sociais e Direito. Membro do Comitê de Quilombos da Associação Brasileira de Antropologia. Desenvolve projetos de pesquisa e extensão sobre relações étnico-raciais, patrimônio cultural e Direitos Humanos. É consultor da temáticas povos e comunidades tradicionais.

que nos desafiam a pensar as relações de poder e juventude como as afirmações de que "quando eu bato tambor eu sou o rei".

Vejamos que se trata de um caminho de volta para o cerne da experiência educativa, onde o ver/ouvir é tão constitutivo quanto o ler/entender. Onde cada verso remete à dimensão pessoal e coletiva e cada toque é uma assinatura no tempo dos mestres dos saberes. Quando ouvi pela primeira vez que o Tambor é revolucionário, dediquei o resto da vida a identificar nas dezenas de mestres de Congo macumbas, candomblés, Jongos e sambas a arte de fazer coincidir a pedagogia e a gramática com a política e o impulso do ser.

Isso conduziu Edileuza a sentir o Congo como um objeto denso, que conecta e articula a dimensão pedagógica e política, mas também da memória, do pertencimento e da celebração afirmativa das culturas africanas. Por isso, afirma ela, "por meio dos Tambores de Congo, é possível construir e proporcionar experiências conscientes de conhecimentos e comunicação, sobre a ação e consciência da história e cultura coletiva do povo negro nas Américas". Em outras palavras, é a tomada de consciência da criança e adolescente negro e negra na diversidade da comunidade/sociedade e da escola.

Como todo livro inspirador, este é uma oportunidade de rever conceitos e posições dentro da academia pela "constituição e recriação de todas as experiências de linguagens e valores capazes de expressar o estar no mundo e a pulsão de sociabilidade", mas também, dentro da militância política: vejamos que "a tomada de consciência da criança e adolescente negro e negra" não foi objeto de interesse por muito tempo na pedagogia eurocentrada, simplesmente porque se dizia que "todos somos iguais", embora as diferenças nos oprimissem de maneiras diferentes. Todo projeto político deve passar por novas reflexões e ganhar fôlego na sua trajetória emancipatória. É isso que perceberá o leitor ao ler as ideias e experiências propiciadas por Edileuza na presente publicação.

Quando Edileuza fazia a pesquisa que originaria este livro eu ainda não havia nascido. Quando ela tecia as ideias que vocês poderão ler, eu ainda engatinhava. Quando as ideias se materializavam e se conectavam às grandes lutas negras, eu mal dizia palavra. Falo desse nascimento que todo mundo deve se dar, homem, mulher, preto e branco rico e pobre para não ficar inerte, dormindo os mil dias, ou, feito estaca, cravada no chão amarrando bichos, gentes e ideias.

Eram os anos 1980 e Zumbi renascia nas ruas do Brasil como grande líder. Ecoava nas escolas o projeto educacional emancipatório que buscou rever a hegemonia branca do racismo científico que explicou o Brasil, justificou desigualdades, encarcerou corpos e ideias. Foi um momento de desconstrução das certezas da epistemologia do Norte que, por séculos elaborou sistemas de dominação das civilizações não europeias.

Mas, também foi um momento de desconstruir os próprios saberes a respeito dos povos que erguem e dão suporte econômico e civilizacional ao Brasil. De reexaminar o termo folclore e ver nele não o resto e sobra, mas o projeto e o desejo do porvir. De pensar o Congo como emoção e saber emancipadores dos corpos e inspirador da interculturalidade.

Nesse momento, é importante sublinhar as raízes das lutas por direitos pois nos dá possibilidade de pensar as Leis que buscam reverter as desigualdades raciais no Brasil não como uma invenção de alguma vontade isolada, mas, como o resultado de amplo debate que requer atenção da população para o caráter histórico dos direitos sociais. Temos como exemplo os esforços do Movimento Negro que culminaram com a Lei nº 10.639/2003 que estabelece as diretrizes e bases da educação nacional, para incluir no currículo oficial da Rede de Ensino a obrigatoriedade da temática "História e Cultura Afro-brasileira".

Ou poderíamos citar ainda o Decreto nº 4.887, de 2003, que reconhece a territorialidade quilombola, objeto fundamental para a produção e reprodução cultural desses povos. Como se sabe, tais leis e decretos não foram resultado de uma inspiração de gabinete, nem tampouco inspiram a homogeneidade da sociedade brasileira. Pelo contrário, evocam a diversidade e a interculturalidade como um tipo de linguagem e, sobretudo, como espaço a ser respeitado pelas instituições jurídicas.

A oportunidade deste texto me fez revisitar memórias e trajetórias, coisa que é difícil e uma armadilha se não a levarmos em consideração como uma ilusão, algo que se faz e refaz continuamente, revisitando eventos, pessoas e escolhas. Contra esta, evoquei textos, memórias encarnadas em atos e os sonhos de uma geração de mulheres que me pariram como homem negro.

Lá pelos idos dos anos 1980 vivíamos a efervescência das "Diretas Já!" abafada pelo espírito "lento e gradual" de tudo que está relacionado aos direitos dos povos africanos que construíram o Brasil. Ali é que se refez uma nova geração de mulheres negras que se decidiram a ocupar e mudar o ambiente universitário pelo simples ato de questionar nossas raízes educacionais. Os corpos, os saberes, e tudo que evoca nossa África contra os saberes hegemônicos que por séculos pretenderam nos reduzir a objetos bestializados.

É este estranhamento, raiz de toda investigação científica e afetiva, que conduz Edileuza a um lugar que está na interseção dos territórios educacionais em que fez a sua pesquisa. Ela recusa a posição de um sujeito soberano sem história e sem intencionalidade por uma atitude de proximidade e afeição. Ela faz essa passagem para a leitura do mundo como o resultado da relação de sujeito-sujeito evocando seus sonhos de menina e o estranhamento que este olhar de criança já lança no mundo, não como uma infância incompleta, mas como um ser no mundo a provocá-lo e interrogá-lo.

A escola é o lugar de evidência da educação, mas Edileuza nos convida a nos deseducar ao constatar que a escola não consegue enxergar seus alunos e alunas, sua cor, sua história, sua memória e sua subjetividade. Em lugar disso, é possível ler diversas vezes em seu trabalho a denúncia de uma empresa do fracasso escolar, que dá como certo os resultados negativos das crianças e reserva-se a um mínimo de esforço para o processo educacional, como a professora que asseverou que "...com relação ao congo daqui, não esperem que eu vá fazer algum tipo de trabalho", segregando o que é arte – um show musical vindo de fora da comunidade –, dos congos praticados pelos comunitários de Roda d'Água.

Em um momento da trajetória do Movimento Negro, descobriu-se que o acesso à educação seria o marco emancipatório fundamental de uma nova sociedade. Dentro dessa perspectiva, outro segmento do Movimento Negro asseverou que não se trata de qualquer educação, mas de um processo que emancipasse negras e negros de epistemologias coloniais.

Daí recuperar a experiência dos mestres e mestras como autêntico processo de resistência foi um dos caminhos centrais selecionados. As manifestações culturais, vistas como um patrimônio cultural, alçaram lugares centrais nas comunidades por romper com os cânones da escola, tais como a disciplina e a hierarquia, a sala de aula e o tempo comunitário.

Edileuza mostra isso em sua pesquisa quando conclui que a "experiência educativa das comunidades leva em conta os valores de sua própria história, enquanto na escola os valores da cultura dominante, ou seja, o saber sistematizado, são impostos como únicos, sem qualquer referência às historicidades vividas e aprendidas pelos alunos em seu contexto de origem".

Tais reflexões fazem parte de um campo de reflexão sobre a educação que Edileuza dialoga ao longo de seu trabalho. Como a professora Glória Moura, segundo a qual "ao invés de colocar a escola no centro do processo pedagógico, tratou-se de perceber como outras pedagogias constituíam a experiência positiva dos estudantes", uma vez que "a educação formal desagrega e dificulta a construção de um sentimento de identificação, ao criar um sentido de exclusão para o aluno, que não consegue ver qualquer relação entre os conteúdos ensinados e sua própria experiência durante o desenvolvimento do currículo, enquanto nas festas quilombolas as crianças se identificam positivamente com tudo que está acontecendo em sua volta, como condição de um saber que os forma para a vida".

Não é de se estranhar que tais reflexões estejam hoje sob o ataque do pensamento conservador que vê a escola como uma máquina reprodutora de comportamentos estereotipados do mundo e não como uma possibilidade de aperfeiçoamento humano. Uma escola-máquina não deixa espaço para a "'concepção do vivido-concebido' que fomenta rupturas com as ideologias teóricas e possibilita concreta ampliação e dimensionamento da pesquisa".

Não por acaso, tal postura territorializa a escola de maneira contrária do ponto de vista político e metodológico, ao sugerir um enfoque "desde dentro para desde fora", pois, como afirma Edileuza, não se trata de estudar essa população como objeto de ciências, e sim a sua cultura e o seu complexo sistema civilizatório como fonte de sabedoria".

Tal atitude de perceber a territorialização do Tambor conduz Edileuza a uma tese importante sobre a presença dos Bantos no Vale do Moxuara, no município de Cariacica. Como se sabe, o povo Banto é originário do Congo-Angola, e foi um dos primeiros povos escravizados a serem sequestrados para o Brasil. Desenvolveram as plantações, o trato com o gado e técnicas industriais da farinha e da extração de óleos vegetais, além do refino da cana de açúcar, ao longo dos litorais do Maranhão, Alagoas e, mais tarde, em Minas Gerais, Rio de Janeiro, São Paulo e Espírito Santo.

O incentivo ao apagamento sistemático das culturas africanas no Brasil relegou uma hierarquia entre Bantos e Nigerianos, o que resultou em uma classificação preconceituosa sobre o caráter guerreiro destes, em detrimento da cumplicidade com o poder daqueles. Tal perspectiva, além de etnocêntrica, é exterior aos grupos, uma vez que toma os critérios do colonizador como definidores dos comportamentos alheios. Edileuza recupera este equívoco histórico em seu trabalho e recoloca os Bantos noutro patamar.

Como o leitor poderá constatar, Edileuza coloca em questão a própria narrativa histórica do Brasil como um país homogêneo e com história única. Isso fica patente no seu tratamento sobre a Revolta de Queimados, uma das primeiras manifestações da decadência do sistema escravista no início do século XIX. Ocorrida no que hoje é o município de Serra, em 1849, a Revolta de Queimados denunciou a violência racial das elites capixabas e o processo político que emanava das senzalas naquele momento. Esta observação é singular, pois retira de vez a imagem consolidada pela historiografia oficial que via nos escravizados apenas a docilidade e subordinação. Pelo contrário, os Tambores do Congo em Cariacica, região próxima onde ocorreu a Revolta de Queimados, é testemunha, mais de 170 anos depois, das atrocidades, mas também da memória, do corpo e do Tambor como resistência e práxis comunitária.

1. INTRODUÇÃO

Roda d'Água já veio
Roda d'Água já chegou
Cadê o dono da festa
Pra receber o Tambor!...

O dono da festa chegou
Chegou pra nos saudar!...
Roda d'Água chegou
Chegou pra nos brindar

Ilustração 1 – Moxuara visto de Roda d'Água Foto: Cátia Alvarez

Roda d'Água, bairro rural do Município de Cariacica, no Estado do Espírito Santo, é um lugar encantado em meio a montanhas, matas e nascentes. Abriga segredos e linguagens que somente são revelados em dias como o de Nossa Senhora da Penha, quando as Bandas de Congo de

Cariacica se reúnem para o Carnaval de Congo, num espetáculo radiante em que cores, sonoridades e danças principiam ciclos de comunalidade mantidos pelas Bandas de Congo de Santa Isabel de Roda d'Água, São Benedito de Piranema, São Benedito de Boa Vista e São Sebastião de Taquaruçu. Essas bandas, juntas, através dos tempos e gerações, referendam e partilham da africanidade e da magia dos Tambores de Congo, reafirmando e legitimando seus antepassados.

É nesse território que se desenvolveu a pesquisa de caráter etnográfico sobre a história e afirmação da autoestima das crianças e adolescentes negros e negras através dos toques e repiques dos Tambores de Congo da Banda de Congo Mirim de Roda d'Água. No estudo, observamos, analisamos e relatamos a conduta deles e delas, e descrevemos como reagem ao serem discriminados por sua condição de ser negros e congueiros. A proposta passa por considerarmos uma educação que tenha em sua concepção filosófica os Tambores de Congo. Conceber uma escola cujo projeto pedagógico se sustente com práticas educativas emancipatórias, "espaço de confluência, coesão social, reunião" (LUZ, 2000a, p. 99).

O entorno da região de Roda d'Água foi morada de diversas nações indígenas e sítio também de quilombos, que se intensificaram após 1849, ano da Revolta do Queimado, um dos maiores e mais importantes movimentos contra o regime escravocrata no estado. A presença quilombola fincada no Moxuara reverbera contemporaneamente, influenciando e estimulando a população de ascendência africana, como no Carnaval de Congo.

O Carnaval de Congo mobiliza toda a comunidade, que nesse dia recebe a visita de outras Bandas de Congo do estado. O encontro possibilita a união e o fortalecimento individual e coletivo das Bandas de Congo "como algo que se projeta na energia mítica renovando valores que dão continuidade à linguagem característica do sistema histórico cultural da comunidade" (SANTOS; SANTOS *apud* LUZ, 1996, p. 75).

Presentes em quase todos os municípios do Espírito Santo, as Bandas de Congo revestem-se de diferentes características: das batidas dos tambores, da variação dos instrumentos, das letras das canções, até a forma como se vestem e se apresentam, compondo o mais original patrimônio sociocultural do estado. Essa dramatização que se instala na comunicação por meio das Bandas de Congo tem como referências, além da África, formas de afirmação existencial e preservação de valores que a singularizam e diferenciam tanto em suas linguagens quanto nos vínculos que estabelecem com a ancestralidade.

Durante a pesquisa, encontramos na comunidade congueira de Roda d'Água elementos que urgentemente necessitam ser levados para a sala de aula, traduzindo um legado histórico-cultural presente no ensinar e no aprender que diferencia e particulariza os Tambores de Congo. Anunciamos uma proposta de educação coletiva, cujas características estão fincadas em volta do Vale do Moxuara, representando a territorialidade das Bandas de Congo de Cariacica. A força, a energia e os valores plantados nesse local permitem-nos escutar os inúmeros falares dos Tambores de Congo. É da terra que provém a união histórica entre os congueiros e congueiras. Solo fecundo, a terra é o principal meio de produção e sustento da comunidade.

Os Tambores de Congo em Roda d'Água apresentam toda a dramaturgia que envolve a preservação da memória e tradição das comunalidades afro-brasileiras, bem como, mantêm a força do patrimônio simbólico expresso principalmente por reverenciar a ancestralidade, polo irradiador de civilização, comunalidade, educação, territorialidade e identidade negra, germinando a "ruptura com as ideologias teóricas positivistas, evolucionistas e unidimensionais, que recalcavam e deformavam a civilização africana" (LUZ, 1998a, p. 154).

Entendemos que somente uma educação baseada nos tambores pode produzir uma escola democrática e plural. Uma educação dentro da diversidade, cujo desafio está em aprender olhando para si mesmo, "rompendo com as práticas seletivas, fragmentadas, corporativistas, sexistas e racistas ainda existentes" (GOMES; SILVA, 2002, p. 25).

Este trabalho é, antes de tudo, fruto da escuta dos corações de

todas as pessoas que partilharam afetuosamente seus conhecimentos. São as vozes dos congueiros e congueiras de Roda d'Água. Soaria a arrogância e prepotência dizer que tentamos dar uma voz acadêmica aos Tambores de Congo, mesmo porque estes são senhores de suas próprias falas e não necessitam da cadência – frequentemente desafinada – da academia. Não cessam aqui nossas pesquisas, mas acredito que este estudo possa apresentar um caminho menos descompassado aos que buscam embeber-se dessa emocionante manifestação cultural do Espírito Santo.

Ao longo do trabalho, tentamos situar o território do Congo de Roda d'Água como espaço contínuo da territorialidade da Revolta do Queimado, na Serra. Assim, peço licença e ajuda aos Tambores de Congo para trilhar os caminhos da Pluralidade Cultural, pois só assim é possível aprender e ensinar, ouvir e escutar, sentir e se emocionar; só assim é possível tamborizar e grafar a história e a construção da autoestima das crianças e adolescentes negros e negras através dos Tambores de Congo.

No ritmo e inspirada nos toques dos tambores, propomos que a escola se integre na territorialidade ancestral africana. Revivida cotidianamente no significado da palavra tamborizar, nas linguagens e nos valores da civilização africana, a Escola é capaz de redimensionar os caminhos de uma educação que necessita urgentemente ouvir, sentir, ver, pegar, cheirar e comer todos os sentidos de energias que emanam dos Tambores de Congo, quando esses são tocados pelas crianças e adolescentes da Banda de Congo Mirim. Falamos de uma educação apta a entender as linguagens trazidas pelos estudantes, força vital que os alimenta, afirma sua autoestima e os torna senhores e senhoras de si. Uma educação baseada na fala dos tambores pode produzir uma escola democrática e plural, na qual a diversidade cultural se instale, desvelando aos educandos e educadores o fim do racismo e de toda e qualquer discriminação.

Acredito que a pesquisa *Tamborizar: História e afirmação da autoestima das crianças e adolescentes negros e negras através dos Tambores de Congo* abre caminhos para a construção de um currículo em que a história e a cultura dos tambores tenham ressonância na sala de aula. A temática envolve a pluralidade e a diversidade étnico-racial, legitimando os Tambores de Congo na escola e, por meio deles, procura possibilitar a implementação da Lei Federal Nº 10.639/2003, que objetiva uma política educacional onde todos tenham como parâmetro uma educação plural e de qualidade.

1.1 Vivenciar e Conceber – Metodologia dos Tambores de Congo

Meu anel de ouro
Que papai me deu
Quem perdeu, perdeu
Quem achou fui eu.

Perdi, perdi
Pra nunca mais achar
Meu anel de ouro
Na areia do mar.
(Meu anel de ouro)

Esta pesquisa decorreu do convívio, em etapas ritmadas nos sons e palavras emanados dos Tambores de Congo, primeiro como observadora, passando pelo processo de aproximação, aceitação e sedução, até se formarem os laços de carinho e afetividade que hoje constituem a minha relação com as pessoas da comunidade. Iniciou-se com uma abordagem baseada na história oral e passou por algumas adaptações metodológicas até se chegar à dimensão do *vivido-concebido*.

Nosso encontro com a metodologia do *vivido-concebido, desde dentro para desde fora* resultou no referencial teórico que adotamos, com a abordagem etnográfica para construir um trabalho acadêmico com emoção. Pela abordagem etnográfica, pode-se estabelecer um enfoque analítico-descritivo muito rico da territorialidade de Roda d'Água, dos modos de sociabilidade característicos da população e do patrimônio

imaterial que está no cerne do nosso estudo – os tambores do Congo. Ainda, nossa abordagem metodológica explora aspectos da pesquisa qualitativa, analisando a narrativa "desde dentro para desde fora" de todo o universo "vivido-concebido" pelos tambores do Congo.

No livro *Os Nagô e a Morte*, Juana Elbein dos Santos traduz os aspectos emocionais que queremos enfatizar ao explicitar nosso convívio com a comunidade de Roda d'Água:

> A convivência, passiva como observadora no começo, e ativa à medida que se foi desenvolvendo progressivamente a rede de relações interpessoais e a minha consequente localização no grupo, foi-me iniciando no conhecimento "desde dentro", obrigando-me a agilizar, revisar, modificar e, às vezes, rejeitar, mesmo inteiramente, teorias e métodos inaplicáveis ou desprovidos de eficácia para a compreensão consciente e objetiva dos fatos (SANTOS, 1988, p. 16-17).

A perspectiva "desde dentro para desde fora" e "vivido-concebido", exposta por Luz (1992), promove a compreensão ética sobre procedimentos da pesquisa. Ademais, elabora espaços que percorrem e tecem os vínculos sociais:

> O pesquisador deverá debruçar-se criticamente sobre as ideologias que deformam a população africano-brasileira e a identificam como incapaz, ignorante, primitiva, pagã, selvagem, incivilizada... Se o outro é colocado como objeto, como podemos conhecê-lo como sujeito? A deformação que existe é que não se trata de estudar essa população como objeto de ciência, e sim a sua cultura e seu complexo sistema civilizatório como fonte de sabedoria (LUZ, 1998a, p. 157).

O sujeito, historicamente fazedor da ação social, contribui para significar o universo pesquisado, exigindo uma constante reflexão e reestruturação do processo de questionamento do pesquisador:

> Etnografia é também conhecida como: pesquisa social, observação participante, pesquisa interpretativa, pesquisa analítica, pesquisa hermenêutica. Compreende o estudo, pela observação direta e por um período de tempo, das formas costumeiras de viver de um grupo particular de pessoas: um grupo de pessoas associadas de alguma maneira, uma unidade social representativa para estudo, seja ela formada por poucos ou muitos elementos. Por exemplo: uma vila, uma escola, um hospital, etc. (MATTOS, 2004).

Esta perspectiva metodológica é capaz de possibilitar um olhar permeado de emoções, afetividade e sentimentos. Desta forma, o respeito às experiências de vida, à cultura, ao saber e à visão de mundo da comunidade está norteado pelos valores ancestrais que pude vivenciar e partilhar e que conduziram a pesquisa. O apoio político-metodológico "desde dentro para desde fora" que constitui a dimensão do "vivido-concebido" permitiu edificar um conjunto de informações trazidas pela comunidade. Da mesma maneira, o olhar e toda a explanação aplicada neste trabalho estão associados a lembranças, ações e alusão da comunidade, com interpretações e análise sob uma perspectiva do universo simbólico da comunidade envolvida (SANTOS, 2000).

> Cabe esclarecer, portanto, que a metodologia "desde fora" refere-se aos procedimentos utilizados pelo pesquisador, cujas impressões limitam-se a atender apenas ao seu próprio quadro de referências. A metodologia "desde dentro" procura estabelecer entre o pesquisador e o grupo social, do qual ele se aproxima, experiências em nível bipessoal, intergrupal, em que o universo simbólico e os elementos que o integram, só podem ser absorvidos num contexto

dinâmico, ancorado na realidade própria do grupo social que constitui o núcleo da pesquisa (LUZ, 2000a, p. 21-22).

Na perspectiva "desde dentro para desde fora", a pesquisa foi subdividida em três estágios: o factual, a revisão crítica e a interpretação. O estágio factual descreve o Congo de Roda d'Água, o Carnaval de Congo e a Banda de Congo Mirim. Esse primeiro momento do estudo foi guiado pelas entrevistas com os Mestres de Congo, congueiros e congueiras da comunidade e da Banda de Congo Mirim, além do corpo docente das escolas onde está matriculada a maioria dos integrantes da Banda de Congo Mirim.

O segundo momento da pesquisa corresponde ao estágio da revisão crítica. Como bem sublinha Juana Elbein dos Santos (1988, p. 20), "a revisão crítica foi uma das imposições prementes que se me apresentaram no decorrer da pesquisa". Muito embora já tivéssemos acumulado uma vivência significativa na Comunidade de Roda d'Água, nosso olhar no processo inaugural desta investigação, em meados de 2003, ainda estava impregnado de uma elaboração do *desde fora*.

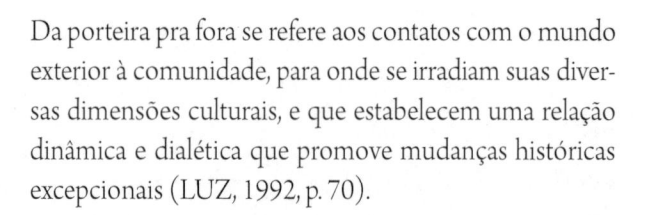

Da porteira pra fora se refere aos contatos com o mundo exterior à comunidade, para onde se irradiam suas diversas dimensões culturais, e que estabelecem uma relação dinâmica e dialética que promove mudanças históricas excepcionais (LUZ, 1992, p. 70).

As escolas, que antes eram nosso principal foco metodológico, passaram a ser vistas como mais um dos elementos da comunidade. Essas duas escolas, então, aparecem como foco da pedagogia do embranquecimento, que não acolhe o direito à alteridade. Além do mais, a aprovação no Programa de Pós-Graduação em Educação e Contemporaneidade da Universidade do Estado da Bahia, na Linha Pluralidade Cultural, sob a orientação da Profª Drª Narcimária Correia do Patrocínio Luz, redefiniu a conduta da pesquisa sobre o tamborizar.

Se, até então, nossa expectativa estava voltada para a história oral como princípio norteador da pesquisa, o contato com a metodologia do *vivido-concebido* nos possibilitou uma nova revisão bibliográfica, redefiniu os dados coletados e, acima de tudo, nos fez sentir a emoção e o significado de viver e conceber os Tambores de Congo:

> Para superar o que consideramos "obstáculos teóricos epistemológicos", fruto da perspectiva desde fora, a revisão crítica permite-nos o enfoque desde dentro, isto é, a relação dialética vivido-concebido que caracteriza a realidade cultural da comunidade (LUZ, 1998a, p. 160).

Tomando como base de referência Juana Elbein dos Santos, a professora Narcimária Luz destaca a necessidade da revisão crítica:

> Desse modo, a revisão crítica é uma necessidade da pesquisa no momento de contraste das descrições, conceitos e teorias chamadas "literatura especializada" com o material coletado em campo: experiências pessoais e de análise dos textos rituais, e especialmente com os conceitos emitidos pelos participantes da tradição africana. A revisão crítica engloba uma ampla bibliografia, inserindo-a na sua verdadeira perspectiva histórica e destacando aspectos e elementos significativos (LUZ, 1998a, p. 161).

No estágio da interpretação, que constituiu a última etapa do trabalho, buscamos apoio nos estudiosos e estudiosas Narcimária Luz, Muniz Sodré, Juana Elbein dos Santos e Marco Aurélio Luz para compor a metodologia da pesquisa. Caracterizamos o *continuum* civilizatório africano contido no Congo de Roda d'Água e sua participação na formação da identidade capixaba; buscamos também analisar o processo de rejeição à alteridade das crianças e adolescentes negros e negras da Banda de Congo mirim de Roda d'Água e o quanto isso contribuiu para promover o fracasso,

a repetência e a evasão escolar; e apontamos alguns dos possíveis caminhos da Pluralidade Cultural, plausíveis, para romper as barreiras do preconceito e instrumentar uma educação em que o aprender e o ensinar partam da afirmação enquanto princípio libertador. "É o momento de elaboração da perspectiva desde dentro para desde fora, ou seja, é quando se dá a análise da natureza e significado do material factual" (LUZ, 1998a, p. 161).

1.2 De Roda d'Água, minha raiz, para o Brasil...

Minha aproximação *desde dentro* na Região de Roda d'Água iniciou-se numa manhã de domingo de 1983, quando a saboreei pela primeira vez. Na ocasião, junto com meu pai e irmãos, visitamos um sítio que estava à venda. Não me recordo dos motivos de meu pai não ter fechado o negócio, mas me lembro do encantamento que o local causou em todos nós. Comemos jaca retirada do pé, chupamos cana e invadimos pés de cajá-manga. Até hoje ouço nossa algazarra, correndo de um lado para outro, subindo e descendo árvores e barrancos, maravilhados com tantas belezas e possibilidades. Cada um de nós a sua maneira experimentava os cheiros e os sabores daquele lugar enquanto a propriedade era apresentada a meu pai. Horas depois das conversas *dos adultos*, demos um passeio até o Bairro Taquaruçu, aproveitando boa parte do tempo na Bica em Roda d'Água.

Hoje, essa propriedade, situada à beira da principal rua do bairro Mucuri, está descaracterizada, loteada e devastada. Compenso minha desolação ao reconhecê-la, quando passo por lá, com o conto/poema que recebi dia desses, via correio eletrônico, cuja fábula é mais ou menos esta:

Um vizinho do poeta Mario Quintana solicitou a ele que lhe escrevesse um anúncio para venda do sítio; o poeta então escreveu, em poucas linhas, a seguinte mensagem: "vende-se uma propriedade encantada, com um córrego onde todas as manhãs uma revoada de pássaros vem cantar. O sol lá chega cedinho e o brilho do verde se mistura ao colorido das flores e frutos encarregados de exalar o perfume que brota da plantação". De acordo com o escrito, algum tempo depois, o poeta e o proprietário se reencontraram, e à primeira pergunta se havia dado tudo certo com a venda do sítio, satisfeito e sorrindo, o dono respondeu que desistira da venda, pois, ao ler o anúncio do poeta, pôde perceber que não tinha um sítio, e sim um pedaço do paraíso.

Ilustração 2 – Moxuara visto da casa de Mestre Prudêncio. Foto: Cátia Alvarez

Todas as vezes que vejo a placa "Vende-se" em alguma cerca na região de Roda d'Água, imagino que não apenas o Senhor José, dono do sítio, bem como todos que têm transformado suas propriedades em loteamento, se tivessem tido a oportunidade de conhecer Mario Quintana, ou Pablo Neruda, que com suas metáforas possibilitou que o *Carteiro* visse e sentisse a beleza e a grandiosidade de sua morada, talvez eu não precisasse fechar meus olhos para enxergar os campos de Roda d'Água como os guardo na minha lembrança.

No ano seguinte, 1984, guiada por uma notinha de jornal, fui para o Carnaval de Congo. Lá, desconhecida e sozinha no meio dos congueiros

e curiosos, sentia uma mistura de encanto e beleza, que só hoje sou capaz de interpretar como o renascimento, ali, de um elo com meus ancestrais. Todas as expectativas e emoções vividas me levam a compreender a profundidade que caracteriza os princípios da *arkhé* africana, "que possibilita a constituição e recriação de todas as experiências de linguagens e valores capazes de expressar o estar no mundo e a pulsão de sociabilidade" (LUZ, 1999, p. 46). Compreendo por que precisava tanto de alguém que me ajudasse a olhar tanta beleza e cor. Algo que numa outra dimensão firma-se na peça de Carlos Alberto de Oliveira, o Carlão:

> O Congo em Roda d'Água me chamou
> Morena faceira espere um pouco que eu já vou!
> Este lindo olhar me feitiçou
>
> Levantei poeira só para escutar o seu tambor.
> Levantei poeira só para escutar o seu tambor.
> Levantei poeira só para escutar o seu tambor.
>
> Não me olhe assim bem não sou aqui
> Já tive motivo para toda esta estrada navegar
> Sei que não caminhei em vão grande tesouro são
> Eu vir de tão longe para aqui nesta terra encostar.
>
> O Congo em Roda d'Água me chamou
> Morena faceira espere um pouco que eu já vou!
> Este lindo olhar me feitiçou
> Levantei poeira só para escutar o seu tambor.
> Levantei poeira só para escutar o seu tambor.
> Levantei poeira só para escutar o seu tambor.
> Tem lua de prata, tem...
> Tem serenata, tem...
> Tem saia rodada, tem porta bandeira a girar...
> Banana na banza tem...
> Boa cachaça tem...
> Tem água a correr fazendo esta onda me levar.

O Congo em Roda d'Água me chamou
Morena faceira espere um pouco que eu já vou!
Este lindo olhar me feitiçou.

A peça nos remete a outras possibilidades de aquisição de conhecimento, chama-nos para tamborizar e vivenciar em Roda d'Água os tambores, a poesia, o cotidiano, as cachoeiras e a emoção. Essa emoção, expressa também no poema *Função da Arte/1*[1], de Eduardo Galeano, se repete em cada encontro com a comunidade, em cada Carnaval de Congo. Cada encontro coroa minha proximidade com as pessoas da comunidade, e é a partilha disso que me conduz e me envolve nas atividades, acolhida pelos tambores e congueiros. Começa aí o meu processo de iniciação nos rituais das Bandas de Congo. Essa vivência tem sido elementar para conceber o Congo dentro de mim "em distintos códigos, formas e repertórios que emanam do complexo e erudito patrimônio milenar africano-brasileiro" (LUZ, 1998a, p. 154).

Numa tarde de sábado, quando a Banda de Congo de São Benedito de Piranema se encontrava para ensaio e reunião mensal, entre muitas demandas o grupo comentava uma matéria de jornal sobre Congo. Esta trazia um elenco de informações equivocadas e preconceituosas, cujo contexto descaracterizava os aspectos do *continuum* africano estruturado na comunidade, visto que a "sociedade colonialista tem a intenção e/ou desejo de tratar o patrimônio milenar africano como folclore, espetáculo artístico, pois sente-se ameaçada pela riqueza de perspectiva, cuja erudição manifesta uma outra filosofia" (LUZ, 2000b, p. 53).

Nesse momento, puxou-se uma discussão sobre o fato de que já passava da hora de escrevermos nossa própria história. E é bem possível que

---

1 Diego não conhecia o mar. O pai, Santiago Kovadloff, levou-o para que descobrisse o mar.
Viajaram para o Sul.
Ele, o mar, estava do outro lado das dunas altas, esperando.
Quando o menino e o pai enfim alcançaram aquelas alturas de areia, depois de muito caminhar, o mar estava na frente de seus olhos. E foi tanta a imensidão do mar, e tanto seu fulgor, que o menino ficou mudo de beleza.
E quando finalmente conseguiu falar, tremendo, gaguejando, pediu ao pai:
– Me ajuda a olhar!

esse chamado tenha não apenas despertado o meu olhar de historiadora; acionou também os códigos que fazem parte do sistema simbólico do meu corpo e do meu coração. O fato foi que a partir desse momento passei a ser identificada como *desde dentro*. Interagindo, participando e escrevendo as atividades das Bandas de Congo. Com o auxílio e incentivo de Zuilton Ferreira, passei também a usar o gravador para colher depoimentos e entrevistas sobre o Congo, aumentando minhas interações e participação nas atividades das Bandas de Congo.

O gosto por escrever e o desejo de ampliar e divulgar nossas experiências possibilitaram a produção e publicação de alguns escritos sobre o Congo de Cariacica. Como disse o poeta João Cabral de Melo Neto em "O Postigo", "escrever jamais é sabido;/o que se escreve tem caminhos; / escrever é sempre estrear-se/ e já não serve o antigo ancinho". Destaque-se o cartão telefônico comemorativo da edição dos 250 mil cartões, que apresentava imagens das miniaturas das máscaras de Congo confeccionadas por Irineu Ribeiro e Zuilton Ferreira, lançado no ano de 2000 pela empresa telefônica do Estado do Espírito Santo:

Ilustração 3 – Cartão Telemar

As miniaturas das máscaras mereceram registro em cartão telefônico da Telemar. O cartão com foto de Edson Reis e texto da historiadora Edileuza Penha de Souza foi lançado em 22 de junho de 2000, como homenagem aos 100 anos de emancipação política do município de Cariacica (SÁ, 2004, p. 106).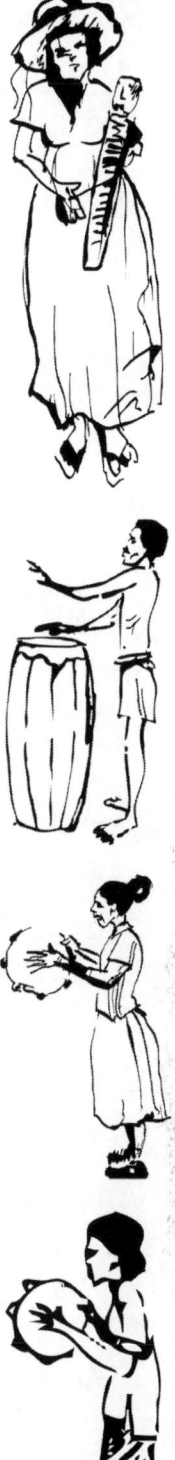

Quando então iniciamos o projeto de pesquisa, os Tambores de Congo **já estavam** consolidados "na nossa experiência, adquirida na convivência contínua e intermitente com a comunalidade africano-brasileira" (LUZ, 2000b, p. 56). A concepção do *vivido-concebido* fomenta rupturas com as ideologias teóricas e possibilita concreta ampliação e dimensionamento da pesquisa. Essa concepção foi o guia do trabalho, tornando a convivência na comunidade laços de irmandade.

A compreensão do *vivido-concebido* traduz o respeito às experiências de vida, à cultura, ao saber e à visão de mundo guiada por valores ancestrais; e as significações, os saberes da educação, dos processos civilizatórios e comunicação em diferentes circunstâncias da Banda de Congo Mirim que dá voz a Roda d'Água. Da mesma forma, o apoio político metodológico *desde dentro para desde fora*, constituindo a dimensão do *vivido-concebido*, possibilitou edificar um conjunto de informações e emoções trazidas pela comunidade.

Legitima-se o universo simbólico pleno de erudição da comunalidade de Roda d'Água, pois todas as projeções pedagógicas que este estudo enfatiza afirmam a linguagem-manifesta da organização e manutenção das Bandas de Congo, reflexo das trocas cotidianas. "Não se trata de estudar essa população como objeto de ciências, e sim a sua cultura e o seu complexo sistema civilizatório como fonte de sabedoria" (LUZ, 1998a, p. 157). Ao apresentar Roda d'Água nesta pesquisa, concebemos os elementos trazidos pela professora Narcimária Luz (2000b) em suas experiências de vida no terreiro de candomblé *Ilê Asipá*: "estamos considerando o significado das formas de comunicação como dimensão básica na constituição dos diferentes processos civilizatórios e, portanto, das distintas culturas que desde aí se desdobram" (p. 57).

Arquitetar esta pesquisa não foi, portanto, transcender a dor

e a comoção vividas pelas crianças e os adolescentes integrantes da Banda de Congo Mirim de Roda d'Água em face da pedagogia do embranquecimento a que estão submetidos nas escolas. Consideramos a *re-criação* do patrimônio simbólico de Roda d'Água como modo de insurgência e recusa ao recalque, numa "perspectiva de educação que se desdobra da riqueza do *continuum* civilizatório africano, capaz de expressar um universo complexo de formas e modos de comunicação" (LUZ, 2001, p. 32). Ainda segundo a reflexão da autora:

Ilustração 4 – Entrada da casa de Mestre Prudêncio (ao fundo, o Moxuara)
Foto: Cátia Alvarez

Como estamos lidando com uma comunalidade que prima pela continuidade dos valores milenares africanos, realizamos todo um esforço para adotarmos uma proposta de educação pluricultural em que as metodologias, materiais didáticos, temporalidades e linguagens, levassem em consideração a concepção de mundo, o sistema de pensamento, valores e as formas de transmissão de saberes ancoradas no patrimônio civilizatório africano-brasileiro (LUZ, 2001, p. 32).

A compreensão metodológica do *vivido-concebido* avança "o valor constituinte de uma linguagem que introduz o indivíduo na ordem coletiva" (SODRÉ, 1988, p. 47) e nos orienta que é possível transcender *da porteira para dentro*. Portanto, construir este trabalho foi um exercício de comportamentos e ações, valores e outros sentidos referenciados na cultura congueira, na ancestralidade cujo "reencontro com o passado só se dá na reconstrução da memória por um sistema de valores que coincide com o quadro social presente" (SODRÉ, 2001, p. 85). Sua essência humana são as condições necessárias para tamborizar e possibilitar efetivas práticas pedagógicas coletivas, capaz de construir um conhecimento dinâmico e libertador.

1.3 Análise de Dados – O processo de recriação na educação comunitária

Norteados pelos valores ancestrais, cada encontro em Roda d'Água conduziu esta pesquisa. Desta forma, constituímos o apoio político metodológico "desde dentro para fora", estabelecendo a dimensão do "vivido concebido", possibilitando edificar um conjunto de informações trazidas pela comunidade. Da mesma maneira, o olhar e toda a explanação presentes neste trabalho estão associados a lembranças, ações e alusões da comunidade. As interpretações e análises envolveram uma "perspectiva do universo simbólico da comunidade envolvida" (SANTOS, 2000, p. 21).

Focalizamos as entrevistas como ponto central das análises a fim de valorizá-las metodologicamente. Na conduta metodológica aplicada, todas as entrevistas foram gravadas, com a permissão dos entrevistados, visando a estabelecer conceitos sistematizados sobre:

- A importância do Congo enquanto suporte na formação do(a) adolescente negro(a);
- A tomada de consciência da criança e adolescente negro e negra na diversidade da comunidade/sociedade e da escola;

- Confrontar o papel da escola nas relações étnico-raciais e culturais no que diz respeito às diferenças.

Identificamos pelos seus verdadeiros nomes todas as pessoas da comunidade de Roda d'Água que partilharam suas histórias, famílias e trajetória no Congo. Assim também foram identificadas as crianças. Entretanto, no que se refere aos depoimentos das(os) professoras(es) da Escola Municipal de Ensino Fundamental Ângelo Zany e Escola Estadual Pluridocente de Ensino Fundamental Roda d'Água, optamos por manter suas identidades sob sigilo.

Não é demasiado lembrar que na comunidade se constitui o espaço da palavra e a palavra é o instrumento de preservação da herança e da cultura congueira. Além de ser um espaço para diálogos e referências aos valores africanos que afirmam a identidade e autoestima das crianças e adolescentes negros e negras.

1.4 O Congo enquanto suporte na formação do(a) adolescente negro(a)

Em sua maioria, as residências dos alunos e alunas congueiros(as) apresentam uma dinâmica contínua no que se refere à transmissão de conhecimentos. Tal como a educação das crianças nas sociedades africanas tradicionais, de forma geral, é no dia a dia em sua comunidade que as crianças e adolescentes de Roda d'Água aprendem.

Um provérbio africano, da cultura xhosa, *Umuntu ngumuntu ngabantu*, que, na língua portuguesa, corresponde a "Uma pessoa é uma pessoa por meio das outras pessoas", revela o quanto a comunidade define uma pessoa (SILVA, 2000b). Nesse sentido, a *arkhé* civilizatória do Congo na comunalidade de Roda d'Água "ressalta a correspondência entre a ancestralidade e a convivência como formadores de nosso processo identitário, no caso afrodescendente" (SANTOS, 2005, p. 221) e materializa o Congo enquanto suporte na formação do(a) adolescente negro(a).

É papel dos mais velhos ensinar aos mais novos, e esse aprendizado ocorre para além das rodas de Congo. Os aprendizados sobre a vida e o Congo são ocasionados pelo movimento e ações do cotidiano. No ato de plantar e colher, de cuidar dos animais domésticos, de dividir as tarefas, de preparar e partilhar o alimento, das brincadeiras e descanso. Educar em Roda d'Água desencadeia ações pedagógicas e perspectivas de mundo, levando-nos a compreender que na busca pela comunhão e espiritualidade "a pessoa é forçada a diminuir de ritmo, a vivenciar o momento e comungar com a terra e a natureza. Paciência é essência" (SOMÉ, 2003, p. 21).

Essas dimensões tão complexas da comunalidade desencadeiam o processo de formação educacional das crianças e adolescentes, no qual consideramos os Tambores de Congo, como *arkhé*, pois a continuidade da comunidade de Roda d'Água passa pelos Tambores de Congo, que conduzem e afirmam o processo de legitimação, os valores e o respeito aos mais velhos. A educação é um processo contínuo e permanente e se caracteriza como responsabilidade de todos. Como exemplo, podemos nos certificar na fala de Mestre Prudente:

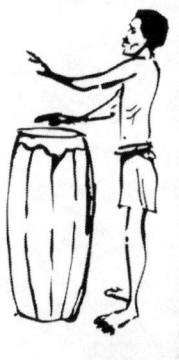

- Eu aprendi Congo na lida com meu pai e meus meninos foram aprendendo no dia a dia (...) a gente ensina os filhos o que é certo e o que é errado (...) a gente mora na roça e vive da roça, então mesmo que os menino vão para escola aprender, é preciso saber cuidar da roça, tratar de um animal, e isso a gente aprende e ensina toda hora, todo dia na hora das refeições, quando tá lá na roça, matando um porco, uma galinha, falando com Deus (...) essas coisas é ali, pai ensina, tio ensina, compadre ensina todo mundo e aprende todo mundo.

Na fala de Yuri, um menino de sete anos da Banda de Congo de Taquaruçu, integrante da Banda Mirim de Roda d'Água, também se evidencia o processo de legitimação dos valores da comunidade:

- Desde pequenininho eu via o pessoal tocando Congo, mas eu

era muito pequeno, então quando eu fiz 4 anos meu padrinho Valdecir me ensinou (...) então quando eu crescer eu vou ensinar para as crianças, mas lá na Banda de Congo da Rita quando chega alguém que não sabe tocar eu ensino.

É dentro da comunidade que se estabelece a dinâmica de valores de uma cosmovisão africana capaz de assegurar uma educação plural e democrática, dimensionada didaticamente nos valores da cultura africana. Segundo Oliveira (2003, p. 43), "o pensamento sincrônico dos africanos constrói o universo, então, como uma 'teia de aranha', onde eventos objetivos e subjetivos estão interligados. À totalidade desses eventos corresponde a concepção de universo na tradição africana".

Os depoimentos das crianças são reveladores e reafirmam que a Banda de Congo Mirim é o espaço em que sua autoestima passa pelos Tambores de Congo:

- Quando eu toco Congo eu sou a pessoa mais feliz do mundo! (Maicon Dias Ferreira, congueiro da Banda de Congo Mirim de Roda d'Água, 10 anos).
- O Tambor de Congo deixa a gente muito feliz, parece que a gente nem é criança. (Yuri L. Graça, da Banda de Congo Mirim de Roda d'Água, 7 anos).
- Eu não sei bater muito direito não, igual meus irmãos batem. Bato forte, não bato igual ao deles não, eles têm um tipo de batuque, mas eu não sei não. (...) tô aprendendo, eles me ensinam na minha casa, me ensinam um monte de coisa. (...). Se eu gostaria de ter tambor em casa? Não gostaria não, senão eu ficaria batucando: bam, bam, bam... bum, bum, bum, não ia fazer nada, só no bum, bum, bum. Eu já toco na Banda Mirim e lá em cima tem, tem tambor de couro. O tambor que o filho de Antonio fez, lá nós pedimos a ele e batemos, eu mais meus colegas, irmãos, meus primos, um monte de gente. Nós tocamos

tambor, toma, bebe jenipapina. *Quando eu bato tambor eu sou o rei.* (Leonardo da Silva Ferreira, Congueiro da Banda de Congo Mirim de Roda d'Água, 10 anos).

Grifamos a frase de Leonardo: "Quando eu bato tambor eu sou o rei", pois exemplifica o empoderamento dessa criança diante dos Tambores de Congo. Ao bater nos tambores, as crianças e adolescentes imaginam, ou criam e recriam, um mundo de possibilidades.

Ilustração 5 – Mestre Prudêncio e Banda Mirim de Boa Vista

- Quando eu bato Congo, eu sou feliz pra caramba, eu nem sinto as minhas mãos, eu não sinto nada, só escuto. Tem vez que eu bato tanto e tanto que quando eu vou **ver, minha** mão está inchada. (Antonio, congueiro da Banda de Congo Mirim de Roda d'Água).

Unindo os aspectos emocional, lúdico, intelectual, físico e espiritual dos Tambores de Congo na comunidade, verifica-se mais uma vez que o Congo é o principal elemento para a formação do(a) adolescente negro(a), possibilitando desenvolver uma abordagem positiva para a educação.

41

Por meio dos Tambores de Congo é possível construir e proporcionar experiências conscientes de conhecimentos e comunicação sobre a ação e consciência da história e cultura coletiva do povo negro nas Américas. Em outras palavras, é a tomada de consciência da criança e adolescente negro e negra na diversidade da comunidade/sociedade e da escola.

1.5 A criança e adolescente negro(a) na diversidade da comunidade/sociedade e da escola

Buscou-se perceber na comunidade de Roda d'Água a importância do Congo na educação. Essa aprendizagem da cultura do Congo dentro da comunidade ocorre a todo tempo. Com os mais velhos, as crianças aprendem a observar e a respeitar o tempo e a natureza:

- Na minha casa todo mundo é do Congo, então quando a gente não tá fazendo nada, a gente pega nos tambores e toca, agora meu irmão vai me ensinar a fazer tambor (Leonardo).

Fora da escola as crianças constroem os elos de um referencial educacional, tendo uma visão positiva da sua cultura de origem. "Para melhor elucidar o sentido das nossas reflexões, é oportuno acentuar que o conceito de educação pluricultural deve estar referido, sempre, a uma *arkhé* cultural, que lhe dará legitimidade e potência para afirmar-se" (LUZ, 1997, p. 199).

A forma de educar e aprender que se instala em cada toque do tambor implica momentos de sociabilidade entre as gerações. São os momentos em que ocorre o *Tamborizar*: ouvir, sentir, ver, pegar, cheirar e comer todos os sentidos de energias que emanam dos Tambores de Congo, fazendo com que o vínculo e a força da ancestralidade perpassem até os dias atuais.

Ao tamborizar, aprende-se sobre as cores dos tambores e os ritmos. O tamborizar ocorre nos ensaios, nas atividades oficiais e não oficiais da Banda de Congo Mirim. Ao tamborizar, consolidamos o *Ethos* e pomos em prática os ensinamentos aprendidos. Um momento que ilustra o *eidos* na comunidade é o do adolescente Valdinei, de 15 anos. Mestre da Banda de Congo Mirim, cursa a 5ª série na Escola Municipal de Ensino Fundamental Ângelo Zany, apresenta dificuldades de leitura e escrita e diz não saber fazer interpretações. Num dos ensaios, esse adolescente, ao perceber que um congueiro quer tirar o tambor de outro menino, diz: "Pare com isso, você chegou agora, tem que esperar sua hora de tocar o tambor. Edinho vai passar para você, pois Antonio pegou agora...".

Na forma de lidar com os colegas, na postura assumida diante das normas e regras de conduta apreendidas, e na habilidade com que toca os instrumentos e conduz a banda, demonstra uma postura de Mestre que não se afina com o comportamento tímido e apagado desse adolescente na escola: "Eu sou o mestre, então eu tenho que dar exemplos".

É preciso reconhecer que a escola assume uma série de mecanismos racistas, preconceituosos e autoritários. Como argumenta a professora Helena Theodoro (1987, p. 38): "Para aceitar isso é preciso ter coragem de assumir essa luta e essa contradição. Nós somos contraditórios e a assunção dessa contradição nos dará coragem para enfrentar nossas dificuldades".

A aprendizagem, a organização e a autonomia de cada criança são resultados dos códigos estabelecidos por elas mesmas. Assim, as normas de convivência que as crianças da Banda de Congo Mirim estabelecem entre si permitem que, mesmo sendo admoestada por uma criança, a outra obedeça e reconheça o erro cometido.

Quando se estabelece o *ethos*, criam-se perspectivas de uma educação afro-ameríndia em que o aprender e o ensinar se dão em todas as horas, em todos os locais, a qualquer momento. Porque a educação é algo contínuo e permanente, ocorre sempre que as crianças observam os adultos e partilham ou não de seus afazeres.

O *ethos* está presente nas relações e nos valores da comunidade de Roda d'Água como expressão lúdico-estética, estabelecendo "a referência à compreensão da *arkhé* que funda, estrutura, revitaliza, atualiza e expande a energia mítico-sagrada da comunalidade africano-brasileira" (LUZ, 2000c,

p. 47). Porém, não se estabelece dentro da escola, que necessita avançar na sua proposta curricular, desenvolvendo atividades capazes de possibilitar um espaço democrático e plural onde os alunos, alunas, professoras e comunidade possam conhecer e valorizar o rico patrimônio histórico cultural que Roda d'Água constitui. Nessa visão de mundo encontra-se o *Eidos*, expressão que sintetiza as formas de elaboração e concretização da linguagem, modo de sentir e introjetar valores e linguagens, conhecimento vivido e concebido, emoção e afetividade (LUZ, 2004).

A linguagem do *Eidos* que propomos para a escola é a linguagem da afetividade e da solidariedade, tal que a emoção do ouvir o toque dos tambores possa contagiar a escola como um todo, proporcionando uma verdadeira pluralidade educacional, em que a consciência, os sentimentos, a poesia e a emoção possam criar e recriar uma nova forma alegre de aprender e ensinar. Conhecer, vivenciar e conceber a cada instante uma educação baseada nos valores étnicos e raciais.

1.6 Confronto da escola com as relações étnico-raciais e culturais

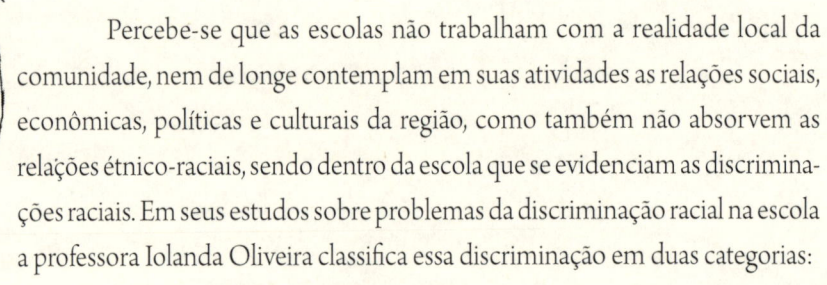

Percebe-se que as escolas não trabalham com a realidade local da comunidade, nem de longe contemplam em suas atividades as relações sociais, econômicas, políticas e culturais da região, como também não absorvem as relações étnico-raciais, sendo dentro da escola que se evidenciam as discriminações raciais. Em seus estudos sobre problemas da discriminação racial na escola a professora Iolanda Oliveira classifica essa discriminação em duas categorias:

> A discriminação racial espontânea, que se dá de modo ocasional, isso é, decorre das atividades não planejadas, da convivência natural escola/alunos, professores/alunos, funcionários/alunos, alunos/alunos; e a que se dá pela não inclusão do tema relação raciais nas atividades intencionais,

isto é, no planejamento escolar de ensino (OLIVEIRA, 2000, p. 106-107).

Um dos primeiros impactos relacionados ao recalque dos tambores no âmbito da escola – referência da nossa pesquisa – é a arquitetura, que impõe o silêncio e a inércia à identidade socioexistencial das crianças. Diariamente, elas permanecem por quatro horas e meia limitadas a um espaço reprodutor de subordinação e adestramento, construído dentro de uma propriedade particular, na beira da principal rua do bairro, cercada por arame farpado.

Ilustração 6 – Escola Estadual Pluridocente de Ensino Fundamental Roda d'Água

A arquitetura da escola, distribuída em duas salas mal ventiladas, impede as aparições coletivas dos Tambores de Congo. O que se observa é um espaço analítico onde há vigilância contínua, pois toda sua estrutura foi pensada com o objetivo de enquadrar os indivíduos em espaços definidos, funcionais e hierárquicos. Sem qualquer preocupação com o conforto, lazer ou prazer de permanência de alunos/as e docentes, em nome da transmissão do conhecimento universal e extensão dos

valores neocoloniais da educação. Com isso, a distribuição dos espaços termina por domesticar e controlar todo o tempo os corpos muitas vezes indesejáveis (FOUCAULT, 2003).

Identificamos uma arquitetura que suga o som, as cores, movimentos, texturas, poesia das músicas e ritmos promovidos pelos tambores. A escola não reconhece e nem legitima os Tambores de Congo como manifestação de conhecimentos milenares capazes de projetar aspectos filosóficos, tecnológicos, políticos, históricos, geográficos etc.:

Ilustração 7 – Escola Estadual Pluridocente de Ensino Fundamental Roda d'Água

A educação concebida para os povos que tiveram seus destinos determinados pelo impacto dos valores do mundo neocolonial imperialista determinou que políticas educacionais fossem impostas de forma rígida e unidirecional, sem considerar as necessidades individuais ou contextos específicos. A educação tinha como objetivo principal a formação de indivíduos que seriam tanto produtores quanto consumidores na economia-urbano-industrial, sem considerar as necessidades individuais ou contextos específicos. Resultando em abordagens educacionais inflexíveis e padronizadas (LUZ, 2004).

O patrimônio civilizatório dos Tambores de Congo atua como elemento formador e recriador da identidade das crianças e adolescentes congueiros. Como afirma a professora Glória Moura (2005) em suas análises sobre as comunidades quilombolas, a "Transmissão de valores", a "Afirmação e expressão da alteridade", a "Negociação dos termos de inserção", e a "Sociedade inclusiva", proporcionam igualdade de oportunidades para todos os membros da comunidade, independentemente da origem étnica, racial ou cultural. Neste contexto, esses valores estão relacionados à cultura, identidade e experiência das comunidades rurais negras.

1.7 Banda de Congo Mirim de Roda d'Água

> E eu crianças canto Congo
> com amor, de Roda d'Água
> minha raiz para o Brasil

O amor, o sonho, a poesia e o encanto se encontram quando ouvimos o Congo Mirim de Roda d'Água. O som dos tambores das crianças nos remete aos tempos de infância: "Todos nós, um dia fomos crianças. E é claro, crianças sempre existiram! E, onde existem crianças, existem brinquedos e brincadeiras, porque crianças adoram brincar, inventar, criar..." (SANTA ROSA, 2001, p. 4).

O amor de Ana Rita Porfírio ao seu pai e à sua comunidade, somado à solidariedade dos congueiros e congueiras e à necessidade de manter viva a memória de Mestre Dossantos, fez nascer em Roda d'Água a Banda de Congo Mirim de Roda d'Água. Mestre e fundador da Banda de Congo de Santa Isabel de Roda d'Água, Seu Dossantos desejava ver em Roda d'Água uma Banda Mirim, onde, desde pequenos, seus netos e bisnetos pudessem bater Congo. Seu falecimento deixou uma grande lacuna na Banda e em toda a comunidade de Roda d'Água.

Em 1997, ao completar-se um ano de sua morte, integrantes da

Banda de Congo de Santa Isabel de Roda d'Água procuraram a família de Mestre Dossantos, pois queriam prestar uma homenagem ao fundador da Banda. Foi nesse momento que Ana Rita Porfírio, sua filha caçula, e sua prima Nilzete Porfírio reuniram todos os sobrinhos e sobrinhas para estarem presentes à homenagem que seria feita ao pai.

Os sobrinhos mais velhos, que tiveram maior oportunidade de convívio com o avô, sabiam tocar tambor, pois uma das alegrias de Mestre Dossantos era a de ensinar os ofícios do Congo. Do encontro em que se pretendia unicamente homenagear o Mestre, nasceu a Banda de Congo Mirim de Roda d'Água:

> • A Banda de Congo de Santa Isabel queria fazer uma homenagem à data de falecimento de um ano de meu pai, mas não sabiam direito o que queriam fazer. Então eu pedi os Tambores de Congo da Banda Mirim de Boa Vista. Naquela época, somente Boa Vista possuía banda mirim, eu acho que foi Seu Prudêncio que começou a banda mirim de lá. Eles tinham tambores pequenos, pois o tambor da Banda de adulto é muito pesado para as crianças. Foi num sábado, eu reuni as crianças aqui e a gente ia se encontrar com os adultos lá embaixo. Eu não sei de onde brotou tantas crianças, eram meninos para tudo quanto é lado, todo mundo queria participar da homenagem a meu pai, ele era muito querido, pois ele ensinava todo mundo que queria aprender a bater Congo. Todo mundo em cima de mim: "Rita, me dá um tambor!", "Deixa eu tocar!". Foi uma das coisas mais emocionantes que eu já vivi aqui. Aí então decidi que eu ia realizar o sonho de Meu Pai. (...) Irineu, Zuilton, Seu Jeoval e todo mundo daqui da Banda de Congo de Santa Isabel me deram uma força. Hoje essas crianças são uma alegria só. (Ana Rita, responsável pela Banda de Congo Mirim de Roda d'Água)

A Banda de Congo Mirim de Roda d'Água tem-se firmado como espaço de uma prática pedagógica consolidada no *Eidos*, que podemos referir como "discurso latente da linguagem; poder de estruturação e realização; invisível, transporta o conhecimento vivido, a emoção, afetividade as elaborações mais profundas das necessidades e fantasias existenciais" (LUZ, 2004). Os encontros das crianças e adolescentes nos ensaios e apresentações da Banda Mirim são momentos que criam perspectiva de uma educação em que o aprender e o ensinar se dão em todas as horas, em todos os locais, em todos os momentos. "Pensar a educação neste contexto, completamente diverso do modelo escolar branco-ocidental, se traduz na compreensão de um processo formativo ao longo de toda a vida e que se abre por um processo de iniciação" (SANTOS, 2005, p. 218).

Tal como a educação das crianças nas sociedades africanas tradicionais, de forma geral as crianças e adolescentes da Banda de Congo Mirim de Roda d'Água aprendem as diferenças entre as melodias, as danças, os cantos, o que é permitido, o que é cabível e o que não é. Cada criança, cada adolescente tem uma função dentro da Banda Mirim. Os mais velhos são sempre responsáveis pelos mais jovens e a tradição, a estética e a consciência se traduzem em práticas pedagógicas.

Quando as crianças e os adolescentes conseguem compreender a importância e os valores da cultura do Congo, estabelecem uma nova dinâmica para administrar as discriminações e o preconceito de que muitas vezes são vítimas:

- Eu toco sem vergonha, sem preconceito nenhum e com um orgulho muito grande, por exemplo: quando eu estou dentro da sala de aula, eu ainda estudo, falo para alguém que mexo com Congo e muitos têm uma visão que não é uma visão concreta do Congo. "Pô o cara mexe com macumba". Tanto que eu explico para eles: "Congo não é macumba, Congo é cultura, vocês deviam ir a nosso espaço conhecer, é muito bom e totalmente diferente do que vocês pensam". (Gil, congueiro, filho de Mestre Prudêncio)

Um dos objetivos da Banda de Congo Mirim é possibilitar às crianças e adolescentes da Região de Roda d'Água um amplo contato

com a cultura do Congo, fazendo com que reconheçam a sua cultura com orgulho, afirmando a sua autoestima e o desejo de não deixar acabar o Congo. Assim, levando-o a outras gerações, como observamos na fala dos congueiros mirins:

- Eu vou ser congueiro até eu morrer, porque cada dia a gente aprende uma coisa e fica ainda melhor, eu bato muito melhor agora do que quando Rita me chamou para ir para a Banda, um dia eu vou ser o mestre e vou querer que meu filho saiba bater. (Leonardo).
- O Congo é felicidade, então pra que eu vou sair, quando eu não tiver mais idade, aí eu vou querer bater na Banda de adulto. (Antonio)
- Eu acho que vou querer dez filhos, é só a mulher querer, e todo mundo vai ser do Congo, eles podem até curtir funk, pagode, mas vai ter que ser do Congo, eu vou ensinar a cada um. Meu sonho é ser um cantor famoso. Com a Banda de Congo Mirim eu já fui até em São Paulo. Se Deus quiser, eu vou ser famoso, eu também gosto de pagode, mas o futuro é o Congo. (Valdinei)
- Se depender de mim eu vou ser do Congo pra sempre. (Mariclei de Souza, congueira da Banda Mirim de Roda d'Água, 7 anos)

A consciência da importância individual de cada congueiro(a) como resultado do sucesso coletivo da Banda Mirim se estabelece como mais um dos seus princípios e linguagens:

- Todo mundo tem que estar afinado com o Mestre. Ele canta e as meninas respondem, enquanto os meninos batem, se um errar, fica tudo feio. (Eloísa de Souza, congueira da Banda Mirim de Roda d'Água, 12 anos)

Sobre esses elos de coletividade, afirma o pesquisador Marcos Ferreira Santos (2005, p. 219):

> A convivência é esta outra noção ancestral que configura o processo educativo para além do escolacentrismo que caracteriza o modelo ocidental. Somente através do aspecto

convivial é que as pessoas passam a se conhecer e a colaborar mutuamente no âmbito da aldeia, da comunidade, no tecido social cotidiano. Conviver significa, nesta dimensão, viver junto aos outros e partilhar a vida (suas decisões, descobertas, surpresas e angústias) na aprendizagem cotidiana dos modos de ser. Aqui se instala a possibilidade mais concreta do encontro furtivo com o iniciador, pois é através da convivência com ele ou ela é que, por meio de suas atitudes, aprendemos nossas heranças e nossas possibilidades no exercício da criação – paradoxalmente, nossa mais importante herança. Os modos possíveis de ser somente se aprendem no exercício da existência na convivência com os outros possíveis: a pluralidade.

Como já dissemos, a liberdade, a participação e o aprendizado na Banda de Congo Mirim valorizam a possibilidade de crianças e adolescentes firmarem sua autoestima de negros(as) e congueiros(as), criando, inclusive, alternativas para enfrentar o racismo e a discriminação. O contato com os Tambores de Congo, com os amigos e com a natureza na Banda de Congo cria um espaço de intimidade, possibilita diálogos e, consequentemente, "a liberdade é um pressuposto da igualdade". Como afirma Muniz Sodré (2001, p. 44), "é preciso que os indivíduos tenham autonomia para poderem trocar em condição de igualdade".

1.8 Brinquedos e brincadeiras – a pedagogia do ser feliz

Um dos momentos de glória da Banda de Congo Mirim foi a visita dos artistas Paulo Tatit e Sandra Peres, quando viajavam pelo Espírito Santo a fim de selecionar uma música cantada por crianças para compor o CD *Canções do Brasil*[2]. Depois de gravar um ensaio da Banda Mirim,

2 CANÇÕES DO BRASIL é um CD-Livro com 116 páginas ilustradas com desenhos, objetos, fotos das crianças e da paisagem onde elas estão inseridas que foi preparado e produzido ao longo de dois anos de pesquisa e gravação de campo. É uma verdadeira viagem pela riqueza sonora da nossa música popular. Tem samba carioca, sertanejo goiano,

51

Paulo e Sandra os convidaram para assistir ao espetáculo no Teatro Glória. A satisfação e a alegria das crianças foram contagiantes. Para a grande maioria, era a primeira vez de suas vidas que pisavam num teatro. Ainda mais alegres e orgulhosas ficaram quando receberam a notícia de que o grupo fora selecionado para fazer parte do CD e que viajariam para São Paulo representando o estado:

- Eu já tinha ficado feliz quando eu fui mais a Banda Mirim ver os dois cantarem, era música de crianças, eles são muito legais, a gente tinha feito ensaio e tudo, mas quando chamaram a gente, aquele montão de gente que eu nunca vi de perto, minhas pernas tremeram, eu pensei que não ia poder dançar. (...) Quem me chama de negra macumbeira é porque tem inveja, eu tenho um CD, já fui em São Paulo, e eles? (Eloísa)

- Eu sou feliz porque eu sou do Congo, eu já falei pra Rita: "Eu vou conhecer o Brasil, o Estados Unidos, Nova Iorque, Rio de Janeiro e a Jamaica com a Banda de Congo Mirim", e se eu crescer muito até lá e tiver que passar pra banda adulto, eu vou pedir à Rita pra me deixar ir que eu não toco, mas fico que nem Carlão[3], tomando conta das crianças. (Valdinei)

O brilho nos olhos de cada uma das crianças quando estão reunidas para as atividades da Banda Mirim demonstra o fascínio e a emoção do quanto significa ser congueira. "Cantar/dançar, entrar no ritmo, é como ouvir os batimentos do próprio coração", escreve Sodré (1998, p. 23). É esse sentido de felicidade e realização que ressignifica a identidade congueira de cada criança e de cada adolescente.

Oficialmente vinte e seis crianças fazem parte da Banda de Congo Mirim de Roda d'Água. Dessas, onze estão cursando o ensino básico na Escola Estadual Pluridocente de Ensino Fundamental Roda d'Água, sete

---

maracatu de Pernambuco, congada de Minas, Congo de Espírito Santo, bumba-meu-boi do Maranhão, rap paulista, baião de Sergipe, Olodum da Bahia, boi-bumbá do Amazonas, Coco do Rio Grande do Norte, boi-de-mamão de Santa Catarina, fandango do Rio Grande do Sul, guarânia do Mato Grosso do Sul, brincadeira de Roda de Mato Grosso, música indígena de Rondônia, tudo cantado pelas próprias crianças e gravado nos quintais, terreiros, praças ou lugares onde cada criança se sentisse à vontade (*Canções do Brasil: o Brasil cantado por suas crianças*).

3 Carlão é músico, companheiro de Ana Rita, ajuda e auxilia as crianças nas atividades da Banda Mirim.

estudam na Escola Municipal de Ensino Fundamental Ângelo Zany, estando seis na quinta série e uma na sexta série. Três ou quatro crianças não têm idade escolar e as demais se encontram dispersas em outras escolas de bairros próximos. Somente os ensaios e atividades coletivas permitem reunir todas as crianças.

Os ensaios acontecem aos sábados à tarde no quintal de Ana Rita. Sempre no último sábado de cada mês ocorre uma atividade lúdico-pedagógica. Com a colaboração voluntária de artistas, amigos e pessoas da comunidade, as crianças aprendem ou desenvolvem uma tarefa.

Essas atividades são as mais diversas: brinquedos, brincadeiras, dança, música, confecção de instrumentos, máscaras ou ainda passeios e visitas a comunidades. São momentos pedagógicos que se traduzem em diversão e arte. As crianças constroem e descobrem formas, resgatam brinquedos, instrumentos, danças e canções, pois "o ato de brincar permite ao ser humano conhecer seus semelhantes e aprender a conviver em sociedade" (SANTA ROSA, 2001a, p. 31).

As visitas a pessoas da comunidade também acontecem de várias formas, podendo ser simplesmente uma visitinha rápida para um agradecimento e reconhecimento de uma ação ou mesmo uma visita agendada previamente, em que essa pessoa ensinará uma peça de Congo para as crianças, falará de um costume antigo e contará histórias e causos, demonstrando que por meio da palavra se cultiva a antiga e milenar arte de contar histórias. "Esse é o tempo disciplinar que se impõe pouco a pouco à prática pedagógica" (FOUCAULT, 1999, p. 135).

O prestígio das pessoas mais velhas na comunidade é simbolizado pela emoção e respeito demonstrados pelas crianças e adolescentes. Ainda, exprime a importância e beleza de serem integrantes da Banda de Congo Mirim. O processo educativo da Banda está calcado na ancestralidade da comunalidade congueira e ocorre nas outras instâncias formativas, pois deriva da convivência social.

Dona Idália Ferreira Alves, da Banda de Congo de Santa Isabel, tem 78 anos. Enferma, ela não sai mais de casa para as atividades da Banda,

entretanto, sempre que possível, recebe a visita das crianças e adolescentes da Banda Mirim de Roda d'Água. E sempre que ocorrem essas visitas é preciso a intervenção de um adulto para os congueiros e congueiras mirins irem embora. Dona de lucidez e memória invejáveis, a Senhora Idália sabe que os anciãos são responsáveis pelo conhecimento das crianças, da natureza e da organização social das Bandas de Congo.

"Não há por que ter pressa", diz Dona Idália, sabedora de que no encontro com as crianças todos são forçados a diminuir de ritmo, a vivenciar cada momento e comungar com os tambores, com as peças de Congo, com a terra e a natureza. Paciência é essencial e nesses momentos ninguém parece compreender o sentido da pressa (SOMÉ, 2003).

Em sua maioria, as crianças e adolescentes são filhos e filhas, ou parentes próximos, de congueiros e congueiras das Bandas de adultos da Região. Entretanto, há crianças cujos pais não são congueiros, estas são convidadas para se integrarem à banda. No depoimento abaixo Ana Rita relata seu contato com a escola:

- Geralmente no começo do ano eu vou até as escolas e convido todo mundo, eu vou à escola. Na escola tem crianças de Taguaruçu, mas é tudo Roda d'Água! Então o pessoal de Roda d'Água e Boa Vista também tem uma Banda de Congo mirim; eu confisco. Algumas são... Inclusive quando eu fui convidar, algumas falaram para mim assim: "ah, Rita, eu não posso ir, não! Porque eu já sou de uma banda!". Eu: "É? Que bom! De que banda você é?" "Eu sou da Banda São Sebastião de Taguaruçu". Eu: "ótimo!" Mas aí eu falei para eles: "se vocês quiserem estar na Banda de Congo mirim não tem nada que impede. Você pode participar da banda mirim aonde estão as pessoas da sua idade, né! É só crianças e todo mundo da mesma idade, tal! Você pode participar da banda mirim e quando a banda adulta for sair você pode sair também com ela". Uma coisa é participar da banda mirim, não vai impedir que você participe de outra Banda de Congo, entendeu? (Ana Rita Porfírio)

1.9 Banda mirim, perpetuando a tradição e a ancestralidade

A formação das Bandas de Congo mirim tem-se apresentado como espaço vital na manutenção das tradições da região de Roda d'Água. A territorialidade proporciona peculiaridades da cosmovisão africana. "São aspectos civilizatórios característicos da cultura negra, *re-construída* no contexto brasileiro, preservando, entretanto, sua matriz africana" (OLIVEIRA, 2003, p. 83), em que a manutenção do Congo simboliza estratégias de resistência.

Daniel, um jovem de dezesseis anos que participou da banda mirim, sendo hoje um dos integrantes da banda adulta, afirma na sua fala a importância da Banda de Congo mirim para a comunidade:

- É muito bom participar das duas bandas, mas a Banda de Congo mirim é o começo de tudo porque é dos pequenos que vão crescendo devagarinho até chegar à Banda de Congo adulta, então é uma participação muito boa, eu gostei e eu gostaria de ver isto acontecendo, porque é a infância que as crianças têm hoje em dia, é a melhor coisa aqui é participar da Banda de Congo e saber que você está com uma rapaziada feliz batendo Congo, que é uma coisa muito interessante. Na minha memória os momentos mais importantes de minha vida eu vivi aqui, e isto vai ficar na minha memória para nunca mais esquecer.

Os Tambores de Congo representam elo entre os(as) congueiros(as) e a comunidade como um todo. Como afirma Luz (1998, p. 37): "sua originalidade está no modo pelo qual expressam formas específicas de transmissão de valores da tradição do aqui e do agora, referida a uma experiência vivida, capaz de gerar uma sabedoria acumulada". Pelos Tambores de Congo, crianças e adolescentes da Banda de Congo Mirim transcendem a emoção e a felicidade, estabelecem elos com seus ancestrais e inauguram uma linguagem mítica e sagrada *ancoradora* dos Tambores de Congo (LUZ, 1996a).

Essas linguagens, por sua vez, possibilitam múltiplas relações (individuais e/ou coletivas) éticas, sociais e cósmicas, transportando para o conhecimento vivido emoção, afetividade e as elaborações mais profundas das necessidades existenciais. Portanto, todos os elementos estéticos que compõem a Banda de Congo Mirim de Roda d'Água estão relacionados aos conteúdos e "às estruturas de uma determinada visão de mundo, manifestada esteticamente através do apelo a todos os sentidos (tato, audição, visão, paladar e olfato) que, numa síntese harmônica e conjunta são capazes de transmitir conceitos" (LUZ, 1996a, p. 38).

A Banda de Congo Mirim possibilita todas as formas de tamborizar, onde se aprende a aquilatar, congregar, aprender e sentir as funções pedagógicas dos Tambores de Congo. Deste modo, a matriz africana, vivenciada na territorialidade congueira de Roda d'Água, encontra na manutenção das bandas mirins táticas de preservação espacial e temporal que se contrapõem à escola, onde "termina a vida e começa a sobrevivência"[4].

---

4   Título de um artigo publicado na *Revista Semente*, v. 3, n. 5/6, jan.-dez. 2002.

2. ESCOLA – NASCIMENTO E MORTE DOS SENTIDOS

Historicamente, a função da escola é vista como possibilidade de introduzir alunos e alunas na sociedade, e de forma crítica, capacitá-los a produzir e transformar essa sociedade. Nos últimos anos, entretanto, pesquisadores(as) da área da educação vêm desmistificando essa visão equivocada e limitada. Como afirma a professora Iolanda Oliveira (1999, p. 15): "sabemos que a aprendizagem não é inaugurada com o ingresso da criança na instituição escolar, mas que o meio social já atuou sobre ela antes do seu ingresso no sistema de ensino".

A noção de *arkhé*, que agrega todo o patrimônio de uma educação plural, deveria permear o espaço escolar. No entanto, a escola descaracteriza a aprendizagem da comunidade na qual a criança e o/a adolescente estão inseridos:

> Na escola, o aluno passa a ser tratado como um ser a ser modificado, como se ele não apresentasse uma bagagem intelectual ou uma visão de mundo. A escola passa a preocupar-se em fornecer um conjunto de informações ordenadas para que o aluno abandone as ideias antigas, como se os novos conhecimentos fossem dotados de uma lógica inescapável. Nesse novo contexto, dotado de uma lógica inescapável (SILVA, 2000a, p. 92).

É preciso compreender que esse distanciamento entre a escola e a comunidade está referendado na sociedade neocolonial/eurocêntrica que lastreia o Estado. "Contrariando profundamente as características

civilizatórias da nação brasileira, que é, basicamente, de origem ameríndia e africana" (LUZ, 1997, p. 202).

Essa política neocolonial/eurocêntrica evidencia que as diversas instituições de ensino disseminam estereótipos e ideologias equivocadas e destroem o referencial e visão de mundo de "outros sistemas simbólicos civilizatórios, que também expressam formas próprias em torno do ato de educar" (LUZ, 1997, p. 202). Todas essas questões contribuem também para que a escola cristalize ideias e práticas racistas e discriminatórias.

Em seus estudos sobre o racismo na escola, a professora Eliane Cavalleiro (2001, p. 152) constata que: "No espaço escolar, (...) muitos dos aspectos presentes reforçam uma hierarquia entre os grupos raciais. Na expressão verbal o racismo é disseminado quando ocorrem falas explícitas ou implícitas que depreciam a participação de alunos(as) negros(as)".

> A educação, neste contexto, na própria radicalidade do modelo branco-ocidental em suas raízes gregas (devedoras da sapiência oriental) é socrática. Trata-se de conhecer-se a si próprio e criar condições para que a pessoa seja ela mesma. Assim, a educação é um fim em si mesma e não comporta nenhuma utilidade instrumental. A educação não serve para algo exterior ao próprio ser humano (educação para o trabalho, educação para o social, educação para a terra, educação para a cidadania, etc...) – sem qualificativos nem adjetivos, a educação é trazer para fora a *humanitas* em construção no interior de nós mesmos: ex ducere (conduzir para fora) (SANTOS, 2005, p. 218).

É, portanto, preciso compreender que a escola necessita se constituir como espaço identificador do sujeito, do seu grupo e do seu corpo. Como bem afirma a professora Ana Célia Silva (2003, p. 21), "é preciso acreditar que a aprendizagem não se realiza de forma estática. A aprendizagem se realiza através de um processo dinâmico que compreende a reelaboração do saber aprendido em contraste com as experiências do cotidiano".

"O momento não comporta mais incertezas", escreve o professor Cunha Jr., "os erros e vacilações significam a extinção" (1987, p. 47). Essas considerações em torno da escola propõem pensar uma educação ao redor da noção de *arkhé,* no sentido de contrapor o referencial de educação informal, vivenciado pelas crianças e adolescentes na Banda Mirim de Roda d'Água, com sua experiência formal do sistema educacional nas escolas da região.

Em sentido meramente didático, a educação formal ocorre nas instituições de ensino, enquadradas numa organização voltada para cumprir unicamente o objetivo de educar para se obter o conhecimento institucional (ler, escrever e contar). A educação formal se enquadra na perspectiva neocolonial/eurocêntrica, que nega a diversidade étnico-cultural de alunos e alunas; enquanto a educação informal se realiza a qualquer hora, em qualquer lugar, está voltada para a transmissão de valores com objetivo de educar para a vida. A educação informal integra e socializa; sua perspectiva assegura o contínuo civilizatório afro-ameríndio.

Para a professora Glória Moura, a principal diferença na transmissão do saber nas comunidades negras e nas escolas é que, nas comunidades negras, a educação é fruto do processo de socialização e se desenvolve de forma natural e informal, enquanto nas escolas o saber não está referenciado na experiência dos alunos e alunas:

> Isso ocorre, sobretudo, pelo fato de que a experiência educativa das comunidades leva em conta os valores de sua própria história, enquanto na escola os valores da cultura dominante, ou seja, o saber sistematizado, são impostos como únicos, sem qualquer referência às historicidades vividas e aprendidas pelos alunos em seu contexto de origem. Assim, a educação formal desagrega e dificulta a construção de um sentimento de identificação, ao criar um sentido de exclusão para o aluno, que não consegue ver qualquer relação entre os conteúdos ensinados e sua própria experiência durante o desenvolvimento do

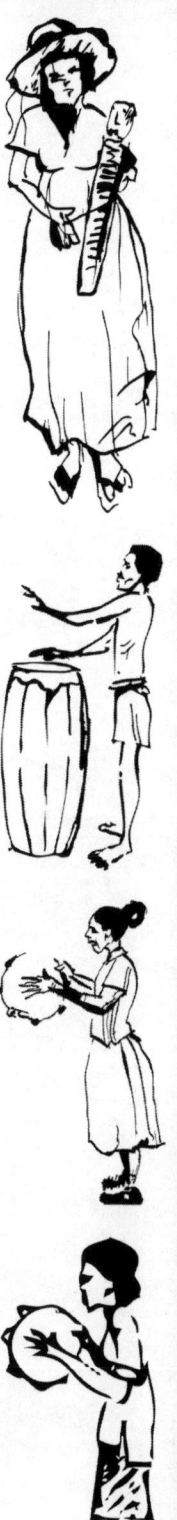

curículo, enquanto nas festas quilombolas as crianças se identificam positivamente com tudo que está acontecendo em sua volta, como condição de um saber que os forma para a vida (MOURA, 2005, p. 72).

Outro aspecto da escola formal é que, muitas vezes, a escola se ancora no silêncio e omissão quando ocorre alguma manifestação de racismo e/ou discriminação no espaço escolar:

> A ausência de atitude por parte de professores(as) sinaliza à criança discriminada que ela não pode contar com a cooperação de seus/suas educadores/as. Por outro lado, para que a criança que discrimina, sinaliza que ela pode repetir a sua ação visto que nada é feito, seu comportamento nem sequer é criticado. A conivência por parte dos profissionais da educação banaliza a discriminação racial (CAVALLEIRO, 1999, p. 146).

Noutra dimensão de espaço e tempo, toda essa ambiguidade descrita acima pode ser transportada para o território de Roda d'Água, local onde desenvolvemos a pesquisa sobre o tamborizar.

A Escola Estadual Pluridocente de Ensino Fundamental de Roda d'Água recebe todos os anos alunos e alunas da Banda de Congo Mirim de Roda d'Água, ao contrário da Escola Municipal de Ensino Fundamental Ângelo Zany. Na primeira, os índices de evasão ou reprovação são quase inexistentes; entretanto, de maneira geral, as crianças apresentam dificuldades de leitura, escrita e interpretação de textos. Na maioria das vezes, o ingresso no primeiro ano, aos 6 ou 7 anos, representa os primeiros contatos com a escrita formal por parte das crianças que chegam à escola sem qualquer conhecimento formal das cores, números e palavras. O que se verifica é que para essas crianças o primeiro ano funciona, então, como uma pré-escola.

Embora a escola esteja rodeada de elementos que possibilitariam o tamborizar – ouvir, sentir, ver, pegar, cheirar e comer todos os sentidos de energias que emanam dos Tambores de Congo –, ela permanece silenciosa e omissa perante o patrimônio civilizatório, a territorialidade das comunidades negras e a comunalidade de Roda d'Água e dos Tambores de Congo. Assim, constata-se que nenhuma escola da região possui um currículo que atenda à realidade das crianças e adolescentes integrantes ou não da Banda de Congo.

No caso específico da Escola Estadual Pluridocente, desassistidas de apoio pedagógico, as professoras se utilizam dos poucos livros didáticos que recolhem das sobras distribuídas pela Secretaria Estadual de Educação - SEDU, como desabafa uma docente: "(...) a escola só recebe merenda, os alunos não têm livros, não têm nada e às vezes eu passo no Núcleo de Cariacica para pegar o que está sobrando de outras escolas, então a gente vai tirando as leituras e os exercícios a gente vai se virando". Nem de longe esses livros atendem à realidade e demanda dos alunos da região.

Uma professora, que é a única funcionária efetiva da escola, onde está há onze anos, por cuja direção e secretaria também responde, nos informou que durante todo esse tempo nunca se trabalhou com o Congo, à exceção de uma docente que passou pela escola em 2003, tendo deixado na comunidade o gosto de que uma nova educação é possível. Na sua antiga sala havia marcas da única referência sobre o Congo na escola: uma peça pregada na parede.

> Estamos num país onde certas coisas graves e importantes se praticam sem discursos, em silêncio, para não chamar a atenção e não desencadear um processo o de conscientização, ao contrário do que aconteceu nos países de racismo aberto. O silêncio, o implícito, a sutileza, o velado, o paternalismo são alguns aspectos dessa ideologia (MUNANGA, 1996 *apud* CAVALLEIRO, 2003, p. 27).

Nos reparos e pintura que a escola recebeu nos meses de abril a julho de 2004 essa peça composta pelo Senhor Nelzino Cândido Porfírio,

conhecido como Mestre Dossantos, da Banda de Congo Santa Isabel de Roda d'Água, foi retirada sem que nada fosse colocado no lugar. Eis a peça:

O Rio de Roda d'Água

Está pedindo socorro
As matas estão secando
Lá na colina do morro
Eu queria ver canário
Sabiá e curió
Ainda ver passarinho
Do tempo da minha avó
Porque se o verde secar
O que a cobra come?
Se acabar a natureza
O homem morre de fome
O Moxuara é rochedo
Criado pela natureza
Se não tomarmos cuidado
Acaba a sua beleza
Agora o Moxuara
Não gosto nem de falar
Se cobre com pano branco
Que é pra poder chorar

A peça de Mestre Dossantos inaugura caminhos para um fazer pedagógico nas escolas da região. Reflete sobre os cuidados que devemos ter com a natureza, encoraja a escola e a comunidade para momentos de ponderação com o meio ambiente, chama para o contato com as montanhas, o ar, as águas e com toda a beleza que envolve o cenário de Roda d'Água. Entretanto, o que se observa é que, apesar de todas as especificidades da comunidade, a escola permanece silenciosa e alheia a todo o universo que perpassa a região.

Construir uma visão mais ampla em relação à cultura do Congo existente na região é urgente para que as professoras possam estabelecer uma nova linguagem dentro da escola. Nas palavras de Hasenbalg (1987, p. 26), "são várias as frentes de implantação e planejamento de políticas educacionais visando a eliminar as desigualdades sociais e raciais produzidas dentro do sistema de ensino público e gratuito".

Como educadores, devemos procurar dar à população de negros e afrodescendentes o *status* de um processo civilizatório, para mostrar que o que está em jogo na ambiência escolar é o recalque dessas civilizações. Isso porque a escola é uma instituição originária do pensamento etnocêntrico e evolucionista, característicos das relações de prolongamento colonial (LUZ, 2000a).

2.1 Escola Municipal de Ensino Fundamental Ângelo Zany

Mesmo tendo a Escola Estadual Pluridocente de Ensino Fundamental Roda d'Água como foco para discutir uma possível pedagogia do Congo na escola, busquei a Escola Municipal de Ensino Fundamental Ângelo Zany com o intuito de observar o comportamento das crianças e adolescentes que participam da Banda de Congo Mirim de Roda d'Água, dadas as inúmeras queixas que fazem da escola. Na fala das crianças congueiras é flagrante o silêncio e a omissão dos professores e professoras ante as queixas dos(as) alunos(as), confirmando o preconceito e a discriminação que afetam diretamente as crianças negras, como podemos observar abaixo:

- Na escola eu não falo que sou do Congo. Todo mundo acha que Congo é macumba. (Eloísa, 12 anos, 5ª série, congueira da Banda Mirim)
- Eu não falo pra todo mundo que eu sou do Congo não, elas ficam me chamando de nego preto, macumbeiro (...) E quando me chamam de nego macumbeiro, tocador de tambor, eu dou logo uma porrada porque a professora nunca faz nada, às vezes

até me coloca de castigo. (Tarcisio, 10 anos, 5ª série, congueiro da Banda Mirim)

Quando a criança consegue compreender o grau de discriminação e equívocos em torno das diferenças e de sua relação com o Congo, ela reage a esses obstáculos:

- Um garoto lá da minha escola falou comigo assim, que o Congo mirim é macumba, aí eu disse para ele: Você fala assim porque você não é do Congo e fica falando m. pela boca! O Congo não é isso, rapaz, quando você entrar no Congo vai ver que não é isso e vai ficar feliz no Congo. (Antônio, 10 anos, 5ª série, congueiro da Banda Mirim)

O enfrentamento das crianças e adolescentes ao preconceito da escola muitas vezes é marcado pela ausência de atitude por parte das/dos docentes. Isso sinaliza à criança discriminada que ela não poderá contar com a cooperação de seus(suas) educadores(as). Por outro lado, para a criança que discrimina, sinaliza que ela pode repetir a sua ação, visto que nada é feito, seu comportamento nem sequer é criticado (CAVALLEIRO, 2001).

Apesar de todo o silêncio em torno da questão racial e das especificidades do Congo na região de Roda d'Água, na Escola Estadual Pluridocente de Ensino Fundamental Roda d'Água as crianças se sentem mais protegidas da discriminação por parte dos colegas.

- Na minha escola todo mundo é preto, (pausa) quer dizer, quase todo mundo porque tem os branquinhos e tem loiro também, mas quase todo mundo é do Congo. (Leonardo)
- A professora não fala nada do Congo não, mas todo mundo é da banda... (Maycon)

Entretanto, na Escola Municipal de Ensino Fundamental Ângelo Zany a discriminação se manifesta em todos os setores da escola, "seja nos livros didáticos, nos conteúdos trabalhados ou omitidos, no silenciamento dos professores diante de situações de preconceito e discriminação no cotidiano escolar etc." (SANTANA, 2001, p. 37). Como se observa na fala dos congueiros mirins, o silêncio sobre o Congo e a comunidade se codifica como um instrumento. Por parte das crianças, não falar sobre a sua cultura de origem é se resguardar do preconceito e da discriminação.

Manter uma escola viva e aformoseada, onde a família e os Tambores de Congo possam ajudar a constituir junto com os(as) alunos(as) e professoras(es) oportunidade de todos serem aceitos e respeitados, e onde as crianças e adolescentes sejam portadores de todas as vozes e ritmos de sua comunidade, implica considerar linguagens pedagógicas que urgentemente necessitam aflorar na escola:

> Portanto, o que está em jogo não é assegurar à população afro-ameríndia apenas o acesso, mas assegurar sua permanência nela, sobretudo, a dignidade de seus valores civilizatórios. Se isso for possível, teremos gerações de estudantes, tendo oportunidade de saber sobre a sua tradição, sua ancestralidade, sistemas de símbolos, de formas comunitárias, reconhecendo-se como portadores e elaboradores de sistemas civilizatórios próprios e complexos (LUZ, 2000c, p. 12).

A escola deve primar pelo desenvolvimento individual e coletivo dos grupos que a compõem, portanto, é necessária uma proposta de educação que contemple a comunidade negra e congueira de Roda d'Água. É preciso que a escola rompa com os obstáculos ideológicos que, como bem define a professora Narcimária Luz (2002), introjetam no corpo e na alma o recalque à sua identidade própria: "As ideias pedagógicas neocoloniais predominantes e consideradas universais constituem a panaceia da postura didático-pedagógica dos professores" (p. 167).

Constatamos que as três professoras da Escola Pluridocente de Roda d'Água desconheciam a Lei 10.639/2003. Uma apenas declarou ter ouvido falar sobre a lei na faculdade onde estuda, mas não sabia explicar o que era. Fizemos essa mesma pergunta para uma funcionária, e ela disse ter ouvido falar na televisão que era "a lei para estudar os negros". Também na

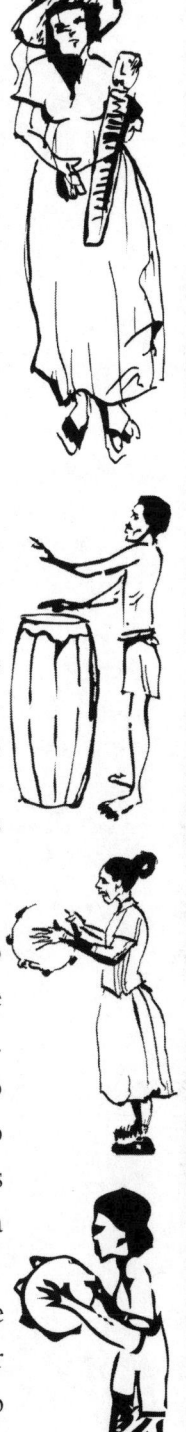

65

escola Ângelo Zany todo o corpo docente entrevistado, inclusive a diretora e coordenadora pedagógica, desconhecia por completo a lei sancionada em 9 de janeiro de 2003.

Os dados e a lei apresentados acima identificam as dificuldades pelas quais a escola passa; os fatos apresentados na pesquisa revelam as falhas no sistema educacional de nosso país. O Artigo 205 da Constituição Federal estabelece a educação como direito de todos e dever do Estado e da família; determina o Artigo 206 que o ensino será ministrado seguindo os princípios de:

> I - igualdade de condições para o acesso e permanência na escola;
> II - liberdade de aprender, ensinar, pesquisar e divulgar o pensamento, a arte e o saber;
> III - pluralismo de ideias e de concepções pedagógicas, e coexistência de instituições públicas e privadas de ensino;
> IV - gratuidade do ensino público em estabelecimentos oficiais (BRASIL, 1988).

Entretanto, apesar da importância da diversidade no interior dos estabelecimentos de ensino, a realidade das escolas na região de Roda d'Água nem de longe contempla a "liberdade de aprender, ensinar, pesquisar e divulgar o pensamento, a arte e o saber". Muitas vezes, as crianças sofrem um grande choque quando entram na escola, e não é raro que a comunhão acionada nas Bandas de Congo se esgarce, na medida em que escutam de suas professoras afirmações preconceituosas e equivocadas sobre o Congo. Como escreve Santos (1988), pouco ou quase nada se sabe da história e da cultura do povo negro.

Em um dos momentos do estágio factual, conversando com uma professora do Ensino Fundamental da Escola Municipal Ângelo Zany, perguntava a ela se em sua opinião o Congo poderia se tornar um instrumento pedagógico para auxiliar na alfabetização:

- Deus nos livre, esses meninos que participam desse negócio de Congo já são umas pragas, todo ano a gente precisa fazer uma lavagem cerebral com eles e repreender o tempo todo (...), em geral são os mais fracos, já pensou se esse trem vira moda (...) tomara a Deus que eu já esteja aposentada, pois jamais iria aceitar um negócio desses.

Problemas como a precariedade do espaço escolar, a deficiente formação das professoras, principalmente no que se refere à história, à cultura local e à falta de um projeto político pedagógico, foram identificados na pesquisa.

Certa tarde, após o ensaio da Banda Mirim, arrancava goiaba com as crianças depois de já ter gravado algumas entrevistas. Ao perceber que Berna, uma das integrantes da Banda Mirim, se afastara do grupo, me aproximei e sentamos numa das muitas pedras do quintal de Ana Rita, perguntei se ela gostava de estudar e longe do gravador e das outras crianças ela me respondeu:

- Estudar eu gosto, mas não digo pra ninguém que sou do Congo, pois até a professora fica tirando sarro da cara da gente, sem contar que os meninos ficam xingando a gente e ninguém faz nada.

Esses depoimentos demonstram a urgente necessidade de se implantar a Lei Nº 10.639/2003 como um instrumento para se remediar as crueldades diariamente praticadas dentro do sistema educacional, acabar com as discriminações e possibilitar a diversidade em todas as escolas deste país. Após "perceber a ausência de questionamento sobre a diversidade étnica no cotidiano escolar" (CAVALLEIRO, 2003, p. 54), a escola carece de refazer o caminho dos pássaros de fogo como uma das possibilidades de encontrar a sonoridade e poesia desses territórios, criando uma proposta educacional. Esta precisa ser criativa e contemporânea, em que a ancestralidade possa redefinir a alegria de partilhar de um espaço rodeado de práticas civilizatórias e do viver de nossos antepassados, conduzindo

para um processo de mudanças e enriquecimento individual e coletivo, em que a emoção, a paixão, a música e a magia estejam sintonizadas com os Tambores de Congo.

A composição curricular das escolas da região nem de longe contempla a dinâmica e a pulsão do tamborizar. Como escreve Luz (1996, p. 40), "infelizmente, o currículo escolar caracteriza-se por uma temporalidade e espacialidade que denegam as presenças civilizatórias africanas e aborígine, recalcando-as". Para tentar justificar o distanciamento entre a escola e os tambores, alguns(umas) professores(as)tentam se resguardar através do desconhecimento dos Tambores de Congo, como se observa na fala de uma docente da escola Ângelo Zany:

- Devido à falta de conhecimento, eu não vou passar para o aluno uma coisa que ele conhece mais do que eu. Se ele quer aprender, se ele quer estudar sobre o Congo, não cabe a mim ensinar. Eu por exemplo nunca fui a uma festa de Congo aqui, o que eu tenho é assim, a respeito de Cariacica é um laço, porque eu fui nascida e criada em Alto Lage, entendeu? O que eu tenho de Cariacica é a parte cultural, um show que a professora de arte fez lá na outra escola, O Grupo Moxuara[5] faz um trabalho legal sobre conhecimento da região... Eles têm muito conhecimento desse assunto, mostraram uma lenda... Aí deu para trabalhar com alunos a respeito disso lá na outra escola. Mas com relação ao Congo daqui, não esperem que eu vá fazer algum tipo trabalho. (Professora A)

Não há como negar que a falta de interesse sobressai à falta de

---

5 O Grupo Moxuara, ao qual a professora se refere, é um grupo musical composto por quatro jovens de Cariacica. Vale destacar que o Grupo Moxuara foi o primeiro grupo capixaba a tocar ao lado de uma Banda de Congo, gravando em conjunto com a Banda de Congo São Sebastião de Taquaruçu a peça: "No pé da pedra tem água":
Oi no pé da pedra tem água, oi tem água no pé da pedra (2x)
Tem água, tem água, no pé da pedra tem água (2x)
Eu mandei carimbá, eu mandei carimbá, eu mandei carimbá
meu dinheiro, eu mandei carimbá (2x)
Eu vou, eu vou, eu vou carimbá meu dinheiro, eu vou (2x)
Além de fazer show, o Grupo também desenvolve projetos de música e arte em todo o Estado do Espírito Santo.

informação quando a professora enfatiza: "Mas com relação ao Congo daqui, não esperem que eu vá fazer algum tipo trabalho". É necessário ainda salientar que a fala dessa professora realça uma visão negativa e preconceituosa, construída a respeito das comunidades negras. "Pode-se então perceber no espaço escolar a presença de um discurso que naturaliza e fragiliza o racismo existente na sociedade brasileira", como escreve Cavalleiro (2000, p. 207).

Em sua maioria, quando a escola pensa em diversidade, acaba por se restringir a algumas datas específicas do calendário. Sensibilizada com a falta de acolhida dos(as) professores e professoras em relação às crianças e adolescentes integrantes da Banda de Congo Mirim, a fala de uma outra docente da Escola Ângelo Zany se enquadra na vulnerável política que rege o sistema escolar:

- (...) Agora por ocasião do carnaval, você vê como a escola pode quebrar certas barreiras, quando nós falamos sobre o Carnaval de Congo foi uma barreira, é, muito grande. (...) Teve professora que falou: "vocês estão doidos em fazer carnaval aqui?" (...) Então a Ângela foi falar do carnaval, (...) nós assumimos todos os trabalhos da festa do carnaval, foi ou não foi? Porque tem gente que não pode cantar o hino nacional, não pode dançar o carnaval, tem menino que pode cantar o hino, tem menino que pode brincar o carnaval. (Professora B)

As crianças e adolescentes congueiros muito têm a dizer para a escola. Já esta precisa urgentemente abrir todos os canais de comunicação para que escute as vozes e todos os sons dos Tambores de Congo, pois só assim poderá criar possíveis conjecturas, capazes de preservar e fortalecer a identidade cultural da comunidade congueira e ainda cunhar um currículo capaz de romper "alguns obstáculos ideológicos, que se alimentam do 'fascínio positivista' e da 'ciência totalitária' para recalcar a pluralidade cultura" (LUZ, 1997, p. 203).

Ilustração 8 – Ana Rita Porfírio e a Banda Mirim em dia de ensaio

> Conclui que os conteúdos curriculares, quando salientam unidade social e indivisibilidade de interesses, marginalizam conhecimentos. Mas se focalizam a autonomia de grupos culturalmente distintos, suas diferenças e o interesse de suas comunidades expandem conhecimentos ao decifrá-los. O conhecimento precisa ser decodificado na perspectiva do Outro, autenticamente distinto e humano (GONÇALVES; SILVA, 2000, p. 68).

Assim, consideramos como a simbologia dos Tambores de Congo que compõem a visão de mundo da comunidade de Roda d'Água conduz a linguagem, a identidade e a territorialidade congueira, possibilitando a sólida implantação do patrimônio civilizatório dentro e fora dos currículos escolares.

2.2 Um Currículo para os Tambores de Congo

A atuação da sociedade civil organizada tem suscitado um amplo debate sobre a educação das crianças e jovens negros no Brasil. Já não são poucos os estudos que revelam as desigualdades no sistema de ensino, sobretudo quando se compara a trajetória escolar de alunos afro-brasileiros e brancos. Essas heterogeneidades estão "juntamente com uma série de estratégias que tem como consequência perpetuar a desigualdade entre negros e brancos" (SANTANA, 2004, p. 122).

O considerável aumento de denúncias e debates sobre a temática das relações raciais na escola e a pluralidade étnica na sociedade têm aos poucos forçado o Estado Brasileiro a reconhecer e valorizar as dimensões éticas e estéticas da educação. Entretanto, se conceber um currículo cuja *arkhé* dos Tambores de Congo se apresente como princípio e continuidade dos ensinamentos fora do contexto escolar não é utopia, no entanto, é um grande desafio. Nessa dimensão, não está em pauta uma escola que não considera a identidade e os valores de seus alunos e alunas, como também não estamos limitados a um currículo voltado para atender unicamente às demandas das Diretrizes Curriculares Nacionais para a Educação das Relações Étnico-Raciais e para o Ensino de História Afro-Brasileira e Africana:

> Recentemente, começam a surgir propostas de políticas educacionais no Brasil, que se vêm aproximado dos aspectos vinculados à diversidade étnico-cultural, mas observa-se um certo modismo, já que, no seio dessas proposições, concentra-se uma percepção metonímica sobre a realidade da formação social brasileira, além, de se inserir na ênfase da identidade de classe (LUZ, 2000a, p. 79).

Nossa pesquisa na comunidade de Roda d'Água demonstrou toda a fragilidade das escolas da região, onde o currículo nem de longe contempla as experiências das crianças e dos adolescentes congueiros, impondo censura e deslegitimando o processo de aprendizagem da comunidade. A escola impõe uma única forma de saber:

> Não há como negar que o preconceito e a discriminação raciais constituem um problema de grande monta para a

criança negra, visto que essa sofre direta e cotidianamente maus tratos, agressões e injustiças, as quais afetam a sua infância e comprometem todo o seu desenvolvimento intelectual. A escola e seus agentes, os profissionais da educação em geral, têm demonstrado omissão quanto ao dever de respeitar a diversidade racial e reconhecer com dignidade as crianças e a juventude negra (CAVALLEIRO, 2003, p. 180).

Apesar de toda alteridade que reduz a política educacional local, o processo histórico que se constatou nas ações pedagógicas da comunidade congueira constitui o dia a dia das crianças e adolescentes negros. No seio da comunidade eles aprendem através dos Tambores de Congo e de todo "um universo estético, gerador e sistematizador de saberes aprendidos de modo ativo, de relações intergrupais concretas" (LUZ, 2000a, p. 203). Ademais, as crianças e adolescentes estão presentes todo o tempo e participam ativamente das tarefas executadas pelos adultos:

> Os moradores das comunidades têm princípios morais e normas de conduta aceitos pela maioria e todos pretendem passar esse código aos mais jovens. A importância dos rituais de devoção, o respeito à natureza, o dever de trabalhar, o respeito a família, a beleza da negritude, a busca de um casamento dentro do círculo comunitário, são valores que fazem parte de padrões sociais que marcam as histórias de vida dos atuais moradores, bem como dos seus antepassados, e perpassam as letras de músicas cantadas nas festas e as estórias de santos e de bichos cantadas exaustivamente (MOURA, 2005, p. 71).

Os valores transmitidos no dia a dia da comunidade congueira expressam o *continuum* civilizatório no qual se legitimam as relações e as práticas educativas capazes de abarcar o repertório cultural "através do processo de continuidade transatlântica da tradição, da *arkhé* que estabelece valores originais que irão dinamizar as lutas de afirmação existencial e de reposição do patrimônio simbólico africano" (LUZ, 2000a, p. 60). Por outro lado, a escola mantém um processo de exclusão, pautado nos valores eurocêntricos, transmissores da ideologia do recalque, limitada a transmitir técnicas e tecnologias da escrita e disciplinamento da mente e do corpo de seus alunos e alunas. Essa escola nega os valores das crianças e dos adolescentes congueiros e impõe a "pedagogia do embranquecimento para a população de origem africana. Essa pedagogia alimentada pelo conceito de cidadania do Estado Terapêutico, procurará destruir a identidade cultural africano-brasileira" (LUZ, 2000, p. 93).

> (...) assim, a educação formal desagrega e dificulta a construção de um sentimento de identificação, ao criar um sentido de exclusão para os alunos, que não conseguem ver qualquer relação entre os conteúdos ensinados e sua própria experiência durante o desenvolvimento do currículo, enquanto nas festas quilombolas as crianças se identificam positivamente com tudo que está acontecendo a sua volta, como condição de um saber que os forma para a vida (MOURA, 2005, p. 72).

A pesquisa afirma o *Ethos* e o *Eidos* da Banda de Congo Mirim de Roda d'Água e constata que a escola não pode se manter alheia ao *continuum* civilizatório dos Tambores de Congo.

2.3 A Lei nº 10.639 na escola – Caminhos para os Tambores de Congo

Refletir sobre educação e diversidade cultural em todo o Estado do Espírito Santo nos leva aos Tambores de Congo. Significa pensar a relação que a escola estabelece com a história e a cultura negra local, ao mesmo tempo em que nos evidencia a distância do universo escolar para com a herança afro-ameríndia presente em todo o estado:

A inexistência de tal debate pode ser uma forma de encobrir o racismo, pois essa lacuna tem sido ocupada pela reprodução de estereótipos negativos associados a negros e mestiços. Quando a escola age de maneira omissa, ela perde a grande chance de realizar com mestria a tarefa de educação e de fazer-nos avançar em nosso processo de humanização (GOMES, 2004, p. 100).

Apesar de todas as contradições presentes na sociedade como um todo e na escola em especial, estamos vivenciando um período histórico propício para se referendar uma educação voltada para a diversidade e para a pluralidade. Com toda a fragilidade da Lei Federal 10.639/2003, esta estabelece avanço no processo de democratização do ensino, bem como na luta antirracismo:

> Por isso, refletir sobre a questão racial brasileira não é algo particular que deve interessar somente às pessoas que pertencem ao grupo étnico/racial negro. Ela é uma questão social, política e cultural de todos os(as) brasileiros(as). Ou seja, é uma questão da sociedade brasileira e também mundial quando ampliamos a nossa reflexão sobre as relações entre negros e brancos, entre outros grupos étnico-raciais, nos diferentes contextos internacionais. Enfim, ela é uma questão da humanidade (GOMES, 2005, p. 51).

Quando o Poder Legislativo estabelece a obrigatoriedade do ensino sobre História e Cultura Afro-Brasileira, determinando a revisão dos currículos e qualificação dos(as) professores(as), reconhece as lacunas no ensino brasileiro, marcado pelas fortes referências temporais e históricas da cultura eurocêntrica. "Ou seja, ao que tudo indica", segundo a observação de Sales Santos, "a lei considerou que era necessário não somente introduzir o ensino sobre História e Cultura Afro-Brasileira nos níveis fundamental e médio, como também qualificar os professores para ministrarem esse ensino" (2005b, p. 33). Para o autor,

> A legislação federal, segundo nosso entendimento, é bem genérica e não se preocupa com a implementação adequada do ensino sobre História e Cultura Afro-Brasileira. (...) Ao que parece, a lei federal, indiretamente, joga a responsabilidade do ensino supracitado para os professores. Ou seja, vai depender da vontade e dos esforços destes para que o ensino sobre história e cultura Afro-Brasileira seja ministrado em sala de aula (SANTOS, 2005b, p. 33).

É sabido que uma educação voltada para a diversidade cultural não se efetiva por meio de decretos e leis. Tampouco trata apenas de assegurar à população afro-ameríndia o acesso à escola; é preciso reconhecer e respeitar o outro como diferente. Significa pensar a relação entre o eu e o outro e afirmar a permanência desse outro na escola, com todos os seus valores civilizatórios. A escola é um espaço sociocultural em que as diferentes presenças se encontram, portanto, é passada a hora de romper com o pensamento etnocêntrico, evolucionista, símbolo das relações dominadoras.

A diversidade cultural é complexa e multifacetada, transcende as superfícies visíveis e a coexistência de distintos grupos étnicos e culturas. Ela abrange camadas mais profundas de identidades, valores, crenças e vivências, tornando evidente que a diversidade cultural é diversificada e que ocorrem notáveis diferenças dentro dos grupos culturais. Essas variações podem se manifestar em aspectos regionais, históricos, sociais, econômicos e até mesmo em questões políticas. (GOMES, 1999).

Deste modo, cabe à escola e a todos os elementos que a integram a reflexão sobre as diferentes presenças na escola e na sociedade, pois, se isso se tornar possível, teremos uma geração de crianças e adolescentes tendo a oportunidade de saber compreender e se posicionar diante do mundo e do sistema de símbolos; de saber sobre suas tradições e da constante transformação política, econômica e sociocultural; de conhecer sua ancestralidade, perfilhando-se como portadores e elaboradores da civilização (GOMES, 1999; LUZ, 2000).

Por isso é preciso falar sobre a questão racial, desmistificar o racismo, superar a discriminação racial. Diferentemente do que alguns pensam, quando discutimos publicamente o racismo não estamos acirrando o conflito entre os diferentes grupos étnico/raciais. Na realidade é o silenciamento sobre essa questão, que mais reforça a existência do racismo, da discriminação e da desigualdade racial (GOMES, 2005, p. 51).

Entretanto, continua argumentando a professora Nilma Gomes (2005, p. 51-52):

> Mas não basta apenas falar. É importante saber como se fala, ter a compreensão do que se fala e mais: partir para a ação, para a construção de práticas e estratégias de superação do racismo e da desigualdade racial. Essa é uma tarefa cidadã de toda a sociedade brasileira e não só dos negros ou do movimento negro. E a nossa ação como educadores e educadoras, do ensino fundamental à Universidade, é de fundamental importância para a construção de uma sociedade mais justa e democrática, que repudie qualquer tipo de discriminação.

Em suma, a discussão em torno de uma educação plural e antirracista abre caminhos para que se estabeleça a ética e a diversidade em todo o processo escolar, entendendo que conhecer, entender, respeitar e integrar formam o conjunto de valores culturais e históricos do povo negro. A soma das identidades individuais fortalece a identidade coletiva. Do mesmo modo, a implantação da diversidade étnico-racial na educação tende a representar um trabalho "em favor de todos(as) os(as) brasileiros(as), quer sejam pessoas pretas, pardas, indígenas, brancas ou amarelas" (CAVALLEIRO, 2005, p. 13).

O reconhecimento das diversas facetas dentro do amplo espectro da diversidade cultural, que engloba grupos como negros, índios, mulheres, pessoas com deficiências, LGBTQIA+ e muitos outros, nos coloca diante da luta desses grupos pelo respeito à sua singularidade. Isso também nos desafia a implementar políticas públicas que respeitem a história e a identidade de cada grupo social e cultural, sem perder de vista a importância do diálogo, da troca de experiências e da proteção dos direitos sociais. A busca pelo reconhecimento e respeito pelas diferenças não deve ocorrer de maneira isolada ou resultar em práticas culturais, políticas ou educacionais que excluam ou isolem. Pelo contrário, deve ser um esforço conjunto que promova a inclusão, o entendimento mútuo e a justiça social (GOMES, 1999).

A propósito da implementação da Lei 10.639/2003, esta preconiza a necessidade de se trazer os Tambores de Congo para a sala de aula, "melhor dizendo, trazer as áfricas para dentro da sociedade brasileira, em especial os espaços educacionais" (BOTELHO, 2005, p. 28). A publicação do Parecer do Conselho Nacional de Educação sobre as Diretrizes Curriculares para a Educação das Relações Étnico-Raciais e para o Ensino de História e Cultura Afro-Brasileira e Africana indica que a Lei 10.639/2003 deve ser utilizada no dia a dia pelos pais, estudantes e professores. Confirmando que a inclusão da temática de forma adequada nas escolas somente ocorrerá com o envolvimento e comprometimento de toda a comunidade escolar.

Existem diversos fatores que estabelecem e determinam a função social e política da escola. Entretanto, práticas reivindicativas estabelecem que as identidades dos afro-brasileiros não podem ser generalizadas, nem tampouco vistas como uma imposição. Existe a necessidade latente de uma educação plural e antirracista, em que o currículo escolar esteja voltado para a identidade cultural restabelecida com transmissão de conhecimentos historicamente negados. Segundo a professora Ana Célia Silva (2005, p. 21):

> Contudo, torna-se necessário refletir até que ponto as culturas oriundas dos grupos subordinados na sociedade,

cujas contribuições não são consideradas como tradições e passado significativo e, por isso, são inviabilizadas e minimizadas nos currículos, poderão vir a ser objeto de investigação e constituir-se na prática educativa de professores.

Quando a escola conseguir extrapolar a visão estereotipada constituir-se-á então o *ethos,* que normalmente é sufocado pelo silêncio. Ainda que longe de poder solucionar todos os problemas oriundos das desigualdades raciais, a escola ocupa um lugar de destaque em toda a sociedade brasileira, o que revela que é possível mudar a escola e recriar o *ethos* da diversidade.

2.4 Diversidade, pluralidade e Tambores de Congo

Consideramos que uma educação pluricultural só é possível quando por ela elucidamos a *arkhé* dos Tambores de Congo. As culturas dos tambores anunciam uma política educacional voltada para a construção de uma *episteme* africana e suas linguagens transcendentais, indicando que o universo emocional-lúdico dos tambores ecoa na educação. A construção de uma educação voltada para atender a pluralidade dos Tambores de Congo configura "uma proposta de trabalho com a diversidade étnico-racial e que pode ser considerada como uma estratégia de combate ao racismo no interior da escola refere-se à organização de trabalhos conjuntos entre diferentes instituições escolares" (GOMES, 2005, p. 153).

A diversidade ancestral dos Tambores de Congo envolve e desenvolve o corpo e a mente, estimula a preservação da natureza e quebra conceitos e preconceitos, agregando princípios de começo, continuidade e fim, representados na *arkhé* dos Tambores de Congo:

> Nessa medida, a escola, mais que um espaço de socialização, torna-se um espaço de socialidades, ou seja, um espaço de encontro e desencontro, de busca e de perdas,

de descobertas e de encobrimentos, de vida e de negação da vida. A escola por essa perspectiva é, antes de mais nada, um espaço sociocultural (GUSMÃO, 2003, p. 94).

Ao ampliarmos a nossa visão sobre a pluralidade e a diversidade dos Tambores de Congo, veremos que é possível fazer uma analogia entre essa categoria e a de *arkhé*, pois o conhecimento considerado civilizado nas duas matrizes se refere à linguagem e ao conhecimento numa aprendizagem construída ao longo do processo histórico cultural em que se estabelece a educação. No Espírito Santo, essa *arkhé* foi cravada nas Bandas de Congo, estabelecendo espaços de preservações, expansão e continuidade dos valores sagrados que constituem a visão de mundo africano-capixaba:

> O conceito de educação pluricultural, portanto, toma corpo, forma e sentido, quando se desenvolve uma prática, cuja dimensão espaço-temporal, apoia-se numa *arkhé* cultural que reforça os valores e vínculos sociocomunitários, promovendo a sociabilidade e existências entre as culturas que a circundam (LUZ, 1996a, p. 77).

A educação dos Tambores de Congo chama para a formação dos(as) educadores(as) e, por conseguinte, aponta para o desafio de lidar com o silêncio, a discriminação e o racismo. Abaliza-nos a pensar e reconsiderar o fracasso escolar e os altos índices de evasão e repetência dos alunos e alunas negros(as). A *arkhé* dos Tambores de Congo salienta um projeto onde as crianças e adolescentes aprendem a enfrentar a rejeição, o recalque e o complexo de inferioridade, contidos na ideologia pedagógica que ainda estrutura o ensino brasileiro (LUZ, 1996a).

Desta forma, o aprendizado estimulado pela tradição dos Tambores de Congo beneficia o fortalecimento da identidade das crianças e adolescentes e sua mobilidade na sociedade oficial, pois não se trata de apenas preservar os tambores, mas toda a história da comunidade.

Ilustração 9 – Tambores e casacas – Foto: Rogério Medeiros

Uma criança que cresce imersa em uma riqueza de conceitos, valores éticos e formas de expressão, absorverá informações, valores morais e maneiras de se relacionar com o mundo ao seu redor. Essa jornada de aprendizado ocorre principalmente no seio de sua família e cultura. Infelizmente, muitas vezes, a escola não leva em consideração esse rico contexto e não se sintoniza com a experiência e a cultura da criança, seguindo um currículo que ignora os valores e a identidade cultural dela. Como resultado, quando a criança se sente desafiada ou desconectada na escola, pode enfrentar pressões para negar ou desvalorizar sua própria família e comunidade. (LUZ, 1996b).

Nesse sentido, a discussão a respeito da diversidade cultural dos Tambores de Congo não pode ficar restrita à representação do espaço social do Estado, que denega a diversidade étnico-cultural que caracteriza a formação social brasileira (LUZ, 1996a). A identidade dos(as) congueiros(as) apresenta nuances mais expressivas e está alicerçada, principalmente, na sua afirmação existencial (SANTOS, 2000), em que os valores ancestrais se fazem presentes no cotidiano da comunalidade congueira. Isso não quer dizer que é possível esquecer que a ideologia de referência neocolonial/eurocêntrica lastreia a escola, contrariando profundamente as características civilizatórias da nação brasileira cuja origem é basicamente ameríndia e africana (LUZ, 1996a).

Só a partir dos Tambores de Congo na educação é que a escola poderá superar o contexto perverso em que está solidificada. Durante todo o tempo observamos que os Tambores de Congo conduzem a escola para uma dinâmica calcada em valores de liberdade, representam a diversidade cultural e ainda ancoram a *arkhé* e a ancestralidade da tradição africana, princípio estruturador social e político (LUZ, 1996a). Assim, a diversidade e a pluralidade dos Tambores de Congo abrangem ações educativas de todas as áreas do conhecimento. Ainda, estão colocadas para a educação como um dado social ao longo de nossa história, "entendê-la é dialogar com outros tempos e com múltiplos espaços em que nos humanizamos: a família, o trabalho, a escola, o lazer, os círculos de amizade, a história de vida de cada um" (TRINDADE, 1999).

Sensibilizar a escola sobre a diversidade cultural dos tambores representa reconhecer as diferenças, respeitá-las, aceitá-las, uma vez que o processo educativo que envolve a educação plural considera a pluralidade, os saberes e os valores culturais de seu povo. Isso significaria mudança total no currículo escolar, levando em consideração os valores da diversidade e da pluralidade cultural e histórica da sociedade brasileira.

A *arkhé* dos Tambores de Congo imprime na escola e fora dela a pluralidade e a diversidade. Por meio dos Tambores de Congo é possível desdobrar "alguns obstáculos ideológicos, que se alimentam do 'fascínio positivista', e 'da ciência totalitária' para realçar a pluralidade cultural" (LUZ, 1996a, p. 87). É, portanto, dentro dessa perspectiva de valores que a pesquisa sobre o tamborizar foi desenvolvida, enfatizando a diversidade e a pluralidade que os Tambores de Congo possibilitam para a educação. "A expressão estética onde a música, a dança, a dramatização, o cenário, o figurino, o vestuário, estão dentro da liturgia e magnificam e caracterizam

transmissão de saber, do sagrado, numa comunidade de linguagem" (LUZ, 1995, p. 559).

Educar para a diversidade é fazer das diferenças a comunicação, o ritmo, o canto e a poesia, e adotar práticas pedagógicas, sociais e políticas que rompam com "o simulacro que caracteriza o apagamento da diferença entre real e imaginário, 'verdadeiro e falso'. Impondo o seu próprio real, o simulacro providencia um projeto voltado para a eliminação de outras formas de experiência do real" (LUZ, 1996a, p. 88). Isso posto, é necessário dizer que a concepção de diversidade e pluralidade dos Tambores de Congo não concebe a educação pluricultural de um ponto de vista tecnoburocrático. Como argumenta a professora Narcimária Luz (1996a, p. 94):

> A tecnoburocracia é uma expressão civil do aparelho militar da máquina de guerra industrial (...) pelo exercício tecnoburocrático, civis e militares apresentam a mesma afinidade ideológica, isto porque perseguem a mais-valia, proporcionada por um espaço gerencial organizado por valores militares que apelam para a ética da restrição, e da violência colonizadora, cuja meta é regular a sociedade civil.

Os Tambores de Congo representam a continuidade e a ancestralidade. Veículo de comunicação que transporta possibilidades de territorialidade, tempo, arte, força vital, ciências e poder, "estrutura cognitiva, o respeito e a relação estreita com a tradição, o princípio de inclusão e o princípio de diversidade" (OLIVEIRA, 2003a, p. 75). Na *arkhé* dos Tambores de Congo estão a narrativa, a dinâmica grupal das Bandas de Congo e o corpo. A *arkhé* do Congo integra a territorialidade e a comunalidade de Roda d'Água, em que se faz presente o microcosmo do espaço amplo das Bandas de Congo; onde o cosmo, a terra, as florestas, as águas e as montanhas simbolizam o território da comunidade congueira (SODRÉ, 1997).

3. RODA D'ÁGUA – QUEM BEBE DESSA FONTE NÃO ESQUECE

O Congo em Roda d'Água me chamou,
Morena faceira espere um pouco que eu já vou...

É em volta do Vale do Moxuara que está sedimentado o Congo de Roda d'Água. Entendemos que a composição da região do Moxuara é talvez uma das razões históricas para se elucidar a existência das Bandas de Congo da região, dando lugar à afrodescendência e à africanidade brasileiras e se estabelecendo enquanto espaço e territorialidade. Para muitos congueiros, o ritual veio da África, junto com os trabalhadores escravizados. "Mesmo não possuindo somente pretos nos dias de hoje, ainda é 'coisa de preto'" (BRANDÃO, 1997a, p. 21). O Congo, que muito se difere das congadas, também "representa a complexidade das estratégias e táticas dos africanos em sua luta contra os invasores portugueses e sua imposição religiosa católica" (LUZ, 1995, p. 449).

De origem africana, a luta pela preservação das culturas afrobrasileiras está presente em todas as Bandas de Congo. Os aspectos culturais, sociais, lúdicos e políticos da civilização negra africana procedem de uma visão de mundo que se consolida na coletividade e solidariedade dos seus componentes. Em outras palavras, podemos dizer que as Bandas de Congo representam a comunalidade e a coletividade da região de Roda d'Água, onde, apesar de já terem existido mais de vinte Tambores, hoje se consolidam com quatro Bandas de Congo: Banda de Congo Unidos de Boa Vista, Banda de Congo São Sebastião de Taquaruçu, Banda de Congo Piranema e Banda de Congo Unidos de Santa Isabel.

A Banda de Congo é um conjunto musical típico da cultura

capixaba, que os congueiros acreditam se tratar de uma dança africana. Em primeiro lugar, por causa de seu próprio nome, e pelas "palavras de línguas africanas" (BRANDÃO, 1977a, p. 22). A primeira alusão escrita sobre as Bandas de Congo no Espírito Santo está registrada no livro do Padre Antunes de Sequeira. Segundo o historiador Guilherme Santos Neves, o padre menciona uma antiga Banda de Congo composta pelos índios Mutuns que viviam próximo às margens do Rio Doce. "Nas danças acocoram-se todos em círculo, batendo com as palmas das mãos nos peitos e nas coxas, e soltando guinchos horríveis. Fazem caretas e trejeitos, acompanhados de uma música infernal" (NEVES, 1980, p. 3).

O relato acima demonstra a carga de preconceito com que a cultura do Congo era tratada pelos viajantes. Entretanto, nos dias de hoje, ainda se observam descrições limitadas e discriminatórias, onde o Congo é visto na esfera do folclore, como uma cultura limitada. Perspectivas desse tipo impõem uma ideologia esterilizadora ao processo civilizatório afro-ameríndio. De acordo com o trabalho de Neves, o padre ainda relata os principais instrumentos utilizados nas Bandas de Congo:

Ilustração 10 – Instrumentos da Banda de Congo (livro do Pe. Antunes de Sequeira).

Os cassacos, um bambu dentado, corrida a escala por um ponteiro da mesma espécie, e tambores feitos de um pau cavado, às vezes oco por sua natureza, tendo em uma das extremidades um couro, pregado com tarugos de madeira rija." E prossegue: "A eles juntam o som produzido por um cabaz, cheio de caroços ou sementes do mato, hoje grãos de feijão e milho (NEVES, 1980, p. 3).

Em 1860, em viagem ao Espírito Santo, D. Pedro II também registrou suas impressões sobre as Bandas de Congo: "quando por ali andou em fevereiro de 1860. Nessa visita imperial, rabiscou D. Pedro alguns dados interessantes sobre o conjunto musical, do qual desenhou o nosso reco-reco de cabeça esculpida, anotando-lhe, inclusive, o nome 'cassaca'" (NEVES, 1980, p. 3). Ao descrever a viagem de D. Pedro ao estado, Neves registra ainda o encontro do Bispo D. Pedro Maria de Lacerda com os índios de Santa Cruz e Nova Almeida, possuidores de uma possível Banda de Congo:

> A esses documentos, posso acrescentar mais um: o depoimento de D. Pedro Maria de Lacerda, Bispo do Rio de Janeiro, que esteve em visita episcopal pelo interior capixaba, em 1880 e 1886 (...). Quando de sua visita a Nova Almeida, em agosto de 1880, D. Pedro Maria pôs-se em contato com um conjunto musical formado por indígenas da região. Tudo indica fosse uma Banda de Congos, embora essa expressão não figure nos apontamentos diários do ilustre Bispo. Destes se lê, com data de 18 de agosto daquele ano, o trecho referente à Freguesia dos Santos Reis Magos da Vila Nova de Almeida: "Os índios, desde que cheguei à porta da Matriz, em número de seis, com seu capitão à frente, estavam à porta da Igreja a bater seus guararás (tambores), a esfregarem seus cassacos (paus dentados) e a agitarem seu manacá (chocalho) e a soltarem monótonas e lúgubres vozes sem modulação, como usam." Depois, descreve os figurantes do conjunto: "O capitão estava de calças brancas, sobrecasaca cor de rapé, velha, com dragonas de retrós amarelo, e cha-

péu mal ornado, tendo na mão sua varinha com fitas, e era ele quem dançava compassadamente e com graça, a seu modo; os mais estavam vestidos com suas jaquetas e sem sapatos, e só tocavam seus instrumentos de sons surdos. Eu, da janela, estive vendo um pouco aquela dança. E lá se foram para o lado oposto a tocarem seus instrumentos, a soltarem seu canto, com o capitão a dançar à frente" (NEVES, 1980, p. 3).

Ilustração 11 – Desenho do viajante francês François Biard

O relato acima revela que o Congo tem suas raízes na civilização afro-ameríndia. Observa-se que, das inúmeras nações indígenas oriundas do estado, hoje apenas sobreviveram os tupiniquins, distribuídos em quatro aldeias (Caieiras Velha, Irajá, Comboio e Pau Brasil). A nação Guarani chegou aqui em meados do século XX, em busca da terra prometida[6]. Dessas comunidades, registra-se que Caieiras Velha mantém a Dança

---

6 No Espírito Santo, somente na região de Aracruz, os índios tinham 40 aldeias. Em 1978, a população era de 611 índios, nas aldeias de Comboios, Caieiras Velhas e Pau Brasil. Atualmente, a população indígena capixaba é de 2000 pessoas, das tribos guarani e tupiniquim. E existem mais três aldeias: Irajá, Boa Esperança e Três Palmeiras. Desde 1979, os tupiniquins e guaranis estão lutando pela recuperação das suas terras. Em 1981, os tupiniquins e Guarani conseguiram garantir a demarcação de 4.491 hectares de terras. Apesar disso, em 1998, o Governo Federal, pressionado pelo poder econômico da Empresa Aracruz Celulose, contra suas próprias atribuições legais, decidiu, através do Ministério da Justiça, pela redução da área indígena, a ser remarcada de 18.070 para apenas 7.061 hectares.

do Tambor (Banda de Congo), que se apresenta em festas específicas da comunidade e nos dias dedicados aos santos católicos: São Benedito, Santa Catarina, São Sebastião e Nossa Senhora da Conceição.

Com uma duração de dois a três dias, os índios retiravam o mastro da mata, e o Capitão do Tambor, ricamente ornamentado, ostentando bastão e cocar, liderava a Banda, indo de casa em casa convocar os índios para a dança. Durante o evento, as índias preparavam uma bebida conhecida como coaba, feita a partir de aipim fermentado, enquanto os índios utilizavam instrumentos de percussão como a casaca (reco-reco antropomorfo) e o tambor, feito de madeira oca e revestido com couro (NEVES, 1954).

Nesse contexto, é ainda possível arriscar que o Congo nasceu do encontro das três nações fundadoras do Brasil, herdando dos brancos a devoção aos santos; dos índios, a casaca; e dos negros, os tambores. Vale ainda lembrar que a população afro-ameríndia possibilitou os valores civilizatórios do Brasil. Roger Bastide (1971, p. 134), ao escrever sobre os quilombos, retoma essa união:

> Os quilombos nunca desapareceram. Em 1769, sempre em Minas, há a descrição de outros quilombos em Samambaia. Em 1770, a destruição de outro quilombo, desta vez em Mato Grosso, o de Cartola em 1772, em São José do Maranhão, os negros fugitivos aliam-se aos índios para atacar a povoação. Em 1778, dois quilombos são destruídos do estado de São Paulo, às margens do Tietê, formados de negros de 30 a 60 anos, todos pagãos. O encontro entre negro e índios verifica-se ainda em 1795 em Piolho, Mato Grosso. Ali vinham se refugiando, desde há 25 anos, numerosos escravos tendo guerreado contra os índios das vizinhanças, os cabixé, a fim de roubar-lhes as mulheres; dessas uniões nasceram mestiços (de índios e negros) que foram chamados de caborés. A expedição de Francisco Pedro de Mello devia encontrar ainda seis descendentes; o quilombo era composto, à parte esses velhos negros, de caborés e de índios. Viviam da pesca e

da caça, cultivavam o milho, o feijão preto, favas, mandioca, batatas-doces, ananás, tabaco, algodão e bananas; criavam galinhas e faziam roupas de algodão. Em São Vicente, no primeiro quilombo aprisionado (6 negros, 8 índios, 19 índias, 10 caborés homens e 11 mulheres).

Desse encontro, afirma Marco Aurélio Luz (1992a, p. 59), "se estruturam as diversas hierarquias que caracterizam a matriz de diferentes aspectos do poder político-religioso que envolve a dinâmica comunitária e social". O encontro de negros e índios, nos quilombos e fora deles, cristaliza o amor à liberdade, à terra e à natureza, constitui-se em ancestralidade e comunalidade "onde tudo que move é sagrado".

Outra alusão bastante comum às origens das Bandas de Congo de Roda d'Água está na referência aos quilombos que se constituíram no entorno da região:

- É justamente porque os primeiros batedores de Congo eram de lá de cima. Agora não tem registro, não tem nada, né! O Moxuara, o pessoal tem como um lugar sagrado. Por exemplo, aqui o Davi aqui vai de vez em quando, porque a mãe dele pedia que ele fosse até lá. Ele vai levar vela e uma cabacinha branquinha com um buraquinho com um negócio dentro!... E se você fosse perguntar é mentira, não foi, mas ele vai! Ele, Dudu, o pai desse menino que passou aqui, Seu Prudêncio parou um tanto, com negócio da igreja ele ficou um tempo assim! Mas vamos lá, vamos atrás dos antepassados! Eu nunca fui lá em cima não! As vezes que eu queria ir, ou um dia que a gente tinha marcado um dia de domingo pra subir, aí eu fiquei com febre, com garganta inflamada, eu não vim. A gente tava pensando em ir, mas eu ia mais com um intuito assim arqueológico mesmo, de cavar pra achar alguma coisa, né! O seu Prudêncio me disse que tinha várias cabanas, quando ele andava por lá por cima achava ossos de gente, né! Era tipo um cemitério dos que morreram por ali, caneca, cerâmica, uns potinhos de cerâmica, um monte de coisa desse tipo. Era a cidade deles, ali o pessoal acho que com certeza os negros daqui de baixo fugia pra lá, né! E outros vieram lá da Serra, e que veio de Queimado também ficaram ali. Então isso aí pra mim é um lugar sagrado pra gente, por isso que eu tenho essa estimação muito grande, primeira sede que nós criamos. Escavação! Tá entendendo? Subir aquilo ali e fazer escavação lá, e até essa questão de adoração mesmo da reverência ao antepassado. Eram uns caras que tinham liberdade, né! Os caras estavam soltos, estavam fora do sistema escravocrata! Estavam em outra situação e não era um Quilombo mesmo propriamente dito. Mas era um quilombinho! A gente não pode ficar parado, né? Tem que andar, porque os caras saíram de lá e fundaram as bandas aqui!... (Zuilton Ferreira)

Projetar o território de Roda d'Água nos quilombos oferece "a possibilidade de diferentes leituras – afetiva, política, geográfica e outras" (OLIVEIRA, 2003b, p. 247). Os vínculos com a educação na comunidade se estabelecem como domínio de saberes. Colocam as pessoas em contato com a comunalidade e "apresentam uma estrutura dramática que inclui enredo, atores-devotos, trilha sonora, coreografia, espectadores" (PEREIRA; GOMES, 2002, p. 75).

Sem deixar de contextualizar as Bandas de Congo numa rememoração ao Continente africano, os congueiros também apresentam um significado mais contemporâneo para a origem do Congo, como se observa nas palavras de Mestre Prudêncio:

- O Congo é uma cultura. O Congo eu acho que é uma música, nasceu com nós aqui. Que nós, por exemplo, teve uma época que parou tudo, eu era rapaz já não tinha nada aqui. Então sentamos ali na venda, primeiro as vendas eram comunidade! Comunidade é, geralmente é, de vinte e dois anos para cá, começou em Domingos Martins. Primeiro as comunidades, as lideranças eram as vendas, os comércios, o cara que tinha um grande comércio, ele que era responsável pelo povo.

Esse poder dos comerciantes nas comunidades, onde o acesso às vilas e feiras era dificultado pela falta de transporte, fez durante décadas a venda de Seu Queiroz o ponto de encontro de onde saía o Congo, não somente no Carnaval de Congo, como em todas as demais apresentações. Mestre Antero, que residia em Piranema, também se refere à concentração dos Tambores de Congo no comércio local:

> • Quando eu tinha o bar, não tinha nada! aqui em Cariacica tinha pra lá de vinte Tambores, e um, um pouco distante dos outros, cada um ficava numa venda, num bar, cada comerciante tinha seus tambores, seus instrumentos, que agora o povo chama de Bandas de Congo. (Mestre Antero)

Na fala de Mestre Antero se observa ainda que muito antes de receber o nome de Banda de Congo, quando os congueiros se uniam, toda a denominação era para os "Tambores". Sobre essa lógica, ele ainda diz:

> • Eu rapazote ainda peguei muitos bailes de Congo. (...) Como era o Congo antigamente, né? Olha, era assim: cada Mestre tinha sete tambores, os mais ricos tinham de duas até três cuícas, mas os Tambores eram sete, só podia ser Congo se tivesse sete, uns tinham outros instrumentos, casaca, buzina, mas os Tambores tinha que ter sete. Aqui nessas bandas tinha era muito Tambor. A gente saía daqui, ia de cavalo ou andando até São Torquato [bairro de Vila Velha] atrás de um Congo.

Por sua vez, Mestre Gaudêncio é um dos congueiros que se refere à Banda de Congo apenas como Congo:

> • O Congo é mostrado para qualquer pessoa! O Congo é os tambores que as pessoas costumam fazer! Que a gente faz! Como este mesmo que disseram que era o Congo de Manoel Patrocínio, este era de quando nós fizemos o desfile, esses tambores que fez este Congo, pois é! O Jeoval, ele não queria dar aqueles tambores pra nós, porque ele era o dono, só que nós éramos quem sabia bater Congo. Ele tinha o Congo, mas sozinho não era nada, só era Congo se tivesse nós, aí éramos o

Congo, sem nós ele não era nada. Era tronco oco, nós é quem formava o Congo.

Em Cariacica, até meados dos anos oitenta, quando a comunidade criou o Conselho de Bandas de Congo de Cariacica, o Congo, ou a Banda de Congo, pertencia a uma só pessoa ou família:

> O programa nasceu como parte integrante do projeto "Casaca", um esforço coordenado de ações, iniciado em 1986, que tinha como principal objetivo fortalecer as Bandas de Congo do município de Cariacica. O grupo responsável pelo projeto era composto por Ana Maria Ramos, José Leocádio, Benícia Margareth, Zuilton Ferreira, Nelson José Peixoto Domingos e Zilda (SÁ, 2004, p. 105).

Uma das primeiras ações desse grupo foi a aquisição de um terreno para construção da primeira sede de Banda de Congo, a Unidos de Boa Vista (PAINEL, 1990):

- A ideia era que todas as bandas tivessem uma sede para concentrar os tambores. Aí eu falei: "Seu Prudêncio, não tinha terreno melhor do que esse!" Eu acho que foi uma!... Aí Seu Prudêncio disse: "Ah! Mas ali é fora, é longe!..." Porque Seu Gaudêncio não morava aqui não, morava lá embaixo. Não tinha ninguém do Congo por aqui! Aí a gente: "É, Seu Prudêncio! A sede aqui, quem é que vai tomar conta? Esse era o problema, né! Quem vai ficar por aqui?" Como Seu Gaudêncio morava meio afastado, meio longe, era lá em cima! Para isso tinha que descer aqui toda hora! (...). Aí Seu Prudêncio – que eu o acho muito criativo –, ele disse: "Olhe! A gente não vai pegar só!"... Porque o Seu João Pedro deu aqui pra gente eram oitenta metros quadrados, aí a gente conversou com ele: "Não, Seu João Pedro! Bota pra duzentos!" Aí ele disse: "Não! É muito! Duzentos são muitos metros quadrados! Vou botar cento e

oitenta!" (...) Aí a gente imediatamente falou: "Gaudêncio mora aqui do lado, vamos botar a casa de Gaudêncio aqui do lado, esse terreno aqui tudo...". Aí o Seu Gaudêncio mudou pra aqui, aí pegou os filhos e veio tudo pra aqui, aí ficou a Darinha lá, que era um problema. "Ah! Cadê a Darinha pro Congo?" "Ah! Tá em casa!" Aí eu saía por dentro dos matos!... Quantas vezes eu fui correndo atrás da Darinha! Aí demos aquele pedaço de terra ali pra ela! (...) Porque a intenção nossa é comprar aqui tudo!... Isso aqui pra nós é assim!... A ideia era comprar tudo, até de lá de cima da estrada, Seu Prudêncio descia aqui e ia até lá o morro, "um dia nós vamos ter de comprar isto!..." Aí pegamos, compramos oitocentos metros quadrados, Seu Prudêncio acha que caiu na cilada de comprar isso aqui porque queria comprar pra lá pro João Pedro. Aí pegou daqui da sede até perto daquela casa lá é nosso! A casa de Dona Darinha é de Dona Darinha, foi passada, aí desmembrou tudo, né! Seu Gaudêncio aqui desmembrou também! É dele e da família dele! Aí ficou só aqui e aquele matinho lá embaixo. Aí era pra comprar isso aqui. Ele comprou, e agora pode tirar o cavalinho da chuva que ele não vai vender tão cedo! Isso foi quase quatro mil reais! Pois é, o Congo tinha que ter comprado isso aqui, o que a gente tava querendo era comprar um terreno grande e pegar água e fazer um clube do Congo... (Zuilton Ferreira)

Antes da criação do Conselho das Bandas de Congo, as apresentações aconteciam sempre de maneira informal, não havia uniformes. Fora os dias santos, só se batia Congo em ocasiões especiais, como batizado, casamento ou quando o dono do Congo queria:

- Então nós se reunimos, já tinha acabado este Congo! Só pendurado! Só tocava em São João não! Só no dia de São Pedro, só nos dias dos santos! Só tocava nessa época e depois parava. Depois pendurava o Congo de novo! E a gente achou de botar isto para funcionar, e funcionamos. Depois eu sozinho estava difícil! Aí felizmente apareceu Zuilton e Ana Maria e fizemos um grande trabalho em Cariacica. Hoje as Bandas de Congo estão aí, por conta delas, e eu deixei cinco sedes. Eu fiz a sede primeiro, que foi esta Unido de Boa Vista, depois fiz da Taguaruçu, e depois voltei para aqui em Roda d'Água, fizemos aquela, e a última foi de Piranema e fizemos a sede. Eu deixei um carro em uma sede, que é a Unido de Boa Vista, e deixei as outras em condições de compra. (...) Cada banda tinha no mínimo 45 membros e agora 45 não dá elas todas. (Mestre Prudêncio)

Roda d'Água possui inúmeras outras tradições culturais. Num passado que ainda se movimenta na memória dos mais velhos, a Folia de Reis, o Baile de Congo, a Pastorinha e outros. Entretanto, o Congo apresenta-se com uma estrutura própria, estruturado num ritual que tem por objetivo indicar significados e relações entre a cultura e a sociedade que, "ao mesmo tempo, o pratica e se reúne para assisti-lo" (BRANDÃO, 1977b, p. 18).

Ilustração 12 – Ensaio da Banda de Congo Mirim de Boa Vista

A Banda de Congo Unidos de Boa Vista foi fundada oficialmente em 23 de junho de 1947, com Sede Central no bairro de Boa Vista, Cariacica-ES. Essa banda não somente foi a primeira a possuir uma sede própria, sendo também a primeira a constituir convencionalmente uma Banda de Congo Mirim.

- O registro mais antigamente não era no cartório não, era na delegacia, a gente registrava o Congo lá na delegacia, porque na hora de tocar ia todo mundo com a peixeira [faca] na cintura. Ah se não andou direito, se não tinha respeito, vergonha na cara era na certa. (...) Não, eu não porque sempre fui da paz [risos]. (Mestre Prudêncio)

Com a atual constituição das Bandas de Congo, não somente de Cariacica, podemos classificá-las como grupo de pessoas que tocam os instrumentos, dançam e cantam velhas e tradicionais cantigas. As peças, como são denominadas as cantigas, são em sua maioria melodias simples, de natureza sentimental, religiosa ou de brincadeira. Mais que isso, a escolha das peças tiradas pelo Mestre de Congo – pessoa sempre do sexo masculino responsável por conduzir a Banda de Congo – vai guiar, manter a harmonia e diferenciar o tipo de cerimônia.

Como já foi dito, nos dias de hoje, cada Banda de Congo apresenta-se uniformizada, porém, até a década de oitenta, do século vinte, não havia indumentárias específicas, dançava-se com roupas simples e comuns. Vale ressaltar que os congueiros, mesmo quando estão apenas brincando com os tambores, nunca tocam sem camisa.

Ilustração 13 – Banda de Congo Mirim de Boa Vista – Foto: Sazito

As Bandas de Congo trazem na sua essência os princípios de matrizes afro-ameríndias onde toda dinâmica que circunda a cultura se caracteriza por processo de retroalimentação da ancestralidade ligada à memória individual e coletiva, lembrada e reconstruída na dinâmica do universo, os múltiplos ciclos temporais, dos dias e das noites, das estações, das horas do dia, da circulação das substâncias--energias dos corpos enfim, da vida, da morte em sucessão ininterrupta (LUZ, 1995, p. 567).

3.1 Os instrumentos – o prazer lapidado a mão

Para se constituir uma Banda de Congo são necessários sete Tambores de Congo. Esse número permanece em todas as Bandas de Congo de Cariacica. Sete parece ser um número cabalístico, pois sem a presença dos sete batedores a Banda não sai nem se apresenta.

Ilustração 14 – Instrumentos da Banda de Congo – Foto: Cátia Alvarez

Geralmente, na composição das Bandas de Congo há mais componentes que o número de instrumentos disponíveis, o que possibilita não apenas o revezamento dos tambores entre os congueiros como assegura a comunhão e a solidariedade entre os componentes, visto que é de práxis que os Tambores de Congo sejam tocados por todos os congueiros que saem com a Banda. Muitas vezes, quando a Banda de Congo é convidada para se apresentar em outros lugares, se reduz o número de congueiros e congueiras. Entretanto, essa não é uma prática comum à Banda de Congo de Roda d'Água, pois o que se percebe é a tentativa de garantir todos os componentes nas apresentações dentro e fora da comunidade.

Nas saídas das Bandas de Congo há inclusive a possibilidade de convidar outras pessoas da comunidade que não compõem a Banda, que em geral também sabem tocar tambor ou outros instrumentos. Nas apresentações das Bandas de Congo é aceitável que alguém de fora solicite ao mestre bater um pouco, pedido que pode ser concedido ou não.

Os instrumentos confeccionados manualmente, de maneira geral, são: o chocalho, a cuíca, o triângulo e a casaca. A buzina (espécie de megafone) e o apito são usados apenas pelo Mestre de Congo. A buzina é um instrumento típico, utilizado apenas nas Bandas de Roda d'Água. Confeccionada com "folha de flandres de formato cilíndrico, afunilada de um lado, onde o cantador encosta a boca e puxa o verso, e maior do outro, onde o som se multiplica ressonante e grosso. No meio há uma haste para segurar com a mão" (MAZÔCO, 1993, p. 41).

Os materiais utilizados para confeccionar esses instrumentos são barricas, taquaras, peles de boi, folhas de flandres, ferros torcidos e outros, que irão resultar em tambores, cuícas, chocalhos, casacas, triângulos e buzinas. Produzindo sons que darão ritmo às canções sentimentais, religiosas ou simplesmente a baladas de brincadeiras, para divertir e fazer dançar os congueiros e congueiras das Bandas de Congo.

O apito é um instrumento de marcação; em outros municípios, é comum o uso do pandeiro como marcação. Em outras bandas do estado, além do pandeiro, pode-se observar também o uso da sanfona e caixas. Comuns a todas as bandas são os tambores, as cuícas, os chocalhos e a casaca, que singularizam o Congo capixaba. Considerada tipicamente capixaba, amplamente divulgada no século dezenove, nomeada como reco-reco de cabeça, a casaca é descrita por Neves (1982, p. 59) como:

> Um cilindro de pau de 50 a 70 centímetros de comprimento, escavado numa das faces em que se prega uma lasca de bambu com talhos transversais, sobre os quais se atrita uma vareta. Na extremidade superior desse reco-reco se esculpe, na própria madeira, uma cabeça grotesca, com pescoço comprido, por onde se segura o instrumento.

Ilustração 15 – Tarcísio, casaqueiro da Banda de Congo Mirim

A casaca também recebe outras denominações, como cassaca, canzaca, canzá, ganzá, caracaxá, reque-reque e reco-reco. Chama-se de casaqueiros ou canzaqueiro, conguista e folgador os tocadores de casaca e/ou aqueles que fazem as casacas (NEVES, 1954). Em Roda d'Água, somente Mestre Prudêncio utiliza ainda os Tambores de tronco de árvores. Porém, no geral, todas as Bandas de Congo usam os Tambores de barris de vinho:

> Os tambores feitos de barris são chamados "ancorote". São barris de 40 litros, abertos de um lado e cobertos de couro de boi do outro lado (...) O couro é esticado e preso com prego. Ele tem uma tira de couro que serve de alça para que possa ser tocado em pé ou andando. Entretanto, é costume quando tocam parados, cavalgar os tambores, que ficam dispostos em círculos (MAZÔCO, 1993, p. 41).

3.2 Carnaval de Congo – Uma promessa para Iaiá

Iaiá você vai a Penha
Me leva, oi me leva...
Eu vou tomar capricho
Meu bem vou trabalhar
Eu tenho uma promessa a pagar

Essa promessa
Que eu tenho a pagar
É pra santa padroeira
Ela vai me ajudar

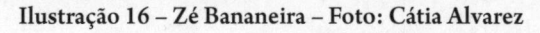
Ilustração 16 – Zé Bananeira – Foto: Cátia Alvarez

Entre as muitas particularidades desta região, Roda d'Água se destaca pelo Carnaval de Congo. Tradição do século XVII, originalmente uma procissão em homenagem à Nossa Senhora da Penha, na qual máscaras e fantasias ocultavam negros e brancos que não queriam, ou não podiam, ser reconhecidos (SOUZA, 2000). Trata-se de uma tradição que remonta ao século XVII, quando os trabalhadores escravizados aproveitavam da

saída de seus senhores para a festa em homenagem à Nossa Senhora da Penha e, segundo Muniz Sodré (1998), *reterritorializavam* (rompimento dos limites topográficos impostos pela divisão social do espaço urbano aos negros) o espaço para livre circulação, vestidos com fantasias e máscaras que ocultavam suas identidades. Com o passar do tempo, também os brancos que não queriam, ou não podiam ser reconhecidos, se ocultavam atrás de máscaras rústicas de papel e vestiam roupas adornadas com folhas de bananeira.

Ilustração 17 - Carnaval de Congo

Para alguns congueiros, o Carnaval de Congo nasceu de uma promessa à Nossa Senhora da Penha; para outros, a festa se originou na Fazenda Mambeca, em Roda d'Água, dadas as dificuldades dos moradores se deslocarem até o convento, no Município de Vila Velha. O fato é que, aproveitando-se da ausência dos senhores de escravos que nesse dia iam à missa do Convento da Penha, negros e brancos, escondidos atrás das mais pitorescas máscaras, brincavam o carnaval de Congo:

> É sabido que, em dias santos e feriados, era permitido ao negro escravo cantar e dançar em homenagem aos santos

católicos chamados de "santo preto" ou "santo de preto". São inúmeros os testemunhos históricos de viajantes admirados de ver, em tão grande quantidade, os negros nas ruas. Em dias de folga, dançando e cantando com aquiescência de seus senhores (LYRA, 1981, p. 36).

Para Roger Bastide (1971), por meio dos "santos negros", ou nas congadas, os rituais africanos puderam ser perpetuados, sem grandes interferências das classes dominantes. Embora haja outros momentos ritualísticos na comunidade com uso das máscaras de Congo, é no Carnaval de Congo que elas estão mais presentes. O Carnaval de Congo ocorre todos os anos junto com a festa dedicada à Nossa Senhora da Penha, numa data variável, correspondendo à segunda segunda-feira depois do Domingo de Páscoa.

No século XX, até meados da década de 80, a festa era promovida pelos próprios moradores. O local geográfico ritualístico iniciava-se no bairro de Taquaruçu, com um cortejo de mascarados, conhecidos como João Bananeira. Ao longo de todo o percurso os mascarados cantavam, dançavam e brincavam de assustar.

Ilustração 18 – Cortejo de mascarados
Foto: Rogério Medeiros

Pesquisando as origens do Carnaval de Congo, Sá (2004) registra:

> A festa originalmente era realizada numa sequência de três datas próximas, obedecendo ao início e fim do calendário religioso: no domingo de Ramos, no domingo de Páscoa e no Dia de Nossa Senhora da Penha (octavário da Páscoa). A Banda de Congo de Santa Isabel era acompanhada por mascarados em cortejo anunciados pelos fogos e muita algazarra. A banda ia visitando os moradores da região (festeiros) que lhe davam comidas e café, recebendo os músicos e os foliões mascarados com muita alegria (2004, p. 101).

Hoje o Carnaval de Congo é realizado com o apoio da Prefeitura Municipal de Cariacica e todos os anos recebe visitas de outras Bandas de Congo, fazendo parte do calendário oficial das festas do município. No Carnaval de Congo de 2004, indagamos ao então candidato a prefeito o seu compromisso com essa festa.

- Nós queremos valorizar a cultura e a história do nosso município! E só se faz isto quando se tem a humildade de ouvir as pessoas que estão envolvidas no processo cultural. O que nós queremos é criar condições para que haja um efetivo debate sobre a questão do Congo e da cultura municipal com o regate da história, e através dessa maneira nós vamos encontrar as melhores propostas para valorizar, sem política e sem interesse eleitoral, a cultura do nosso município. E o que nós queremos é valorizar toda esta tradição, mais do que centenária, que expressa muito da história do nosso povo de Cariacica, do Espírito Santo e, por que não dizer, do Brasil. (Helder Salomão)

Ilustração 19 - Carnaval de Congo
Foto Sazito

Alguns historiadores locais criticam a interferência do município na festa, argumentando que, ao ser assumida pela mídia e pelo poder público, ela perdeu a sua originalidade. Um olhar desavisado verá o Carnaval de Congo como mais uma festa de divertimento de massa. Entretanto, para a comunidade congueira de Roda d'Água, a aparente submissão é meramente a garantia para sair às ruas, bater Congo e louvar os ancestrais. Como afirma Bernadete Lyra (1981, p. 37):

> Por trás dos alvarás, das licenças, das aquiescências e das nuances estratégicas da fala, as manifestações negras afirmam um discurso de continuidade dos valores culturais. Sendo a cultura negra suficientemente forte pode inclusive, tragar elementos de outras culturas sem com isso perder seu profundo negrismo.

A continuidade do Carnaval de Congo promove a identidade pessoal e coletiva dos congueiros e congueiras.

- O que eu mais gosto no Congo é a unidade das pessoas, a simplicidade e o gesto das pessoas serem felizes. O Congo contagia a todos, explode de felicidade, mas no Carnaval da Penha, como hoje, todos ficam doido dentro de casa! Você tinha que ver, pode ir às casas, não tem uma viva alma, todo mundo está aqui. Ninguém quer perder essa felicidade das pessoas que tocam, todo mundo vem sentir esta vibração que é a coisa mais linda que tem na vida cara! (Eustaquio Ferreira Barone, congueiro da Banda de Congo de Santa Isabel de Roda d'Água)

Ilustração 20 – Crianças da Banda Mirim de Roda d'Água vestidas de Zé bananeira – Foto Sazito

Manter essa vibração é uma dentre as muitas tarefas das bandas mirins no sentido de perpetuação dos ritos ancestrais, responsáveis por manter a unidade e a felicidade entre a comunidade e a natureza.

> A manutenção da tradição do Carnaval de Congo tem sido conduzida e estimulada junto às crianças das comunidades no entorno das sedes das Bandas de Congo da região através de um programa que inclui a formação das bandas mirins e a realização de oficinas de máscaras (SÁ, 2004, p. 105).

3.3 As máscaras do Carnaval de Congo

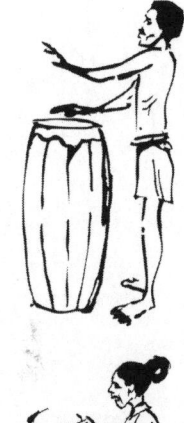

Ilustração 21 – Máscaras do carnaval de Congo

As máscaras para o Carnaval de Congo são confeccionadas num processo que pouco mudou com o passar dos anos. Matrizes dos mais diferentes formatos são modeladas em barro e endurecidas ao sol. Após isso, são cobertas com camadas de papel, tecido e cola e deixadas secar à sombra. Quando secas, são retiradas da matriz, recebem pintura colorida e são enfeitadas com a aplicação de sementes e fibras naturais. Um capuz

de retalho é colado ao derredor da máscara, de modo que ao vesti-la não se consegue identificar o folião (SÁ, 2004).

Mestre Jeoval Meireles, que nasceu no dia 29 de agosto de 1926, filho do congueiro Manuel Pereira Meireles e de Camila Pereira Falcão, relata: "minha mãe não era congueira, pois que naqueles tempos as mulheres ficavam só olhando, não é como hoje, que elas dançam e cantam, não". Neto do também congueiro Rufino José Falcão e de Maria Joselina Falcão, lembra-se com saudade do avô:

- Ah! Meu avô? Meu avô tinha um Congo na época dele, ele falava que desde menino os negros batiam Congo no dia da Santa da Penha, depois acabou tudo aí (...) O Congo é velho! É histórico mesmo! Oh, meu avô quando molecote já usava as máscaras e as roupas de bananeira no dia da Santa da Penha. (...). Minha filha, não era essa moleza de agora, com ônibus e tudo, para se chegar no convento não. Só iam os brancos que tinham cavalo, charrete, a negrada ficava era aqui no Carnaval de Congo.

Feitas de pietagem e enfeitadas com sementes e outros elementos da natureza, as máscaras do Carnaval de Congo lembram, de certa forma, os rituais das colheitas. Entretanto, quando perguntado sobre o uso das máscaras, a explicação gira em torno do enfeite e do não reconhecimento da pessoa:

- O meu pai! O meu pai que fazia máscara, o meu pai que participava da marimba, de Banda de Congo, do Baile de Congo e de Congo, né! E o meu pai era um cara assim... Igual a mim mesmo, feio como eu sou, mas quando chegava aqui em casa minha mãe já tava deitada, ele dizia: "mulher, passe a minha roupa que eu tô saindo!". Ela nunca disse nada a ele, corria e passava a roupa! Ele terminava de tomar banho, e era três dias fora, nos batuques do Congo, porque naqueles tempos os Tambores podiam durar até uma semana. (Seu Jeoval)

No ano de 1998, percebendo o pouco número de mascarados no

Carnaval de Congo, Ana Rita Porfírio e Zuilton Ferreira decidiram que era necessário que as crianças e adolescentes aprendessem a confeccionar as máscaras. Ana Rita e os artistas plásticos Irineu Ribeiro e Zuilton Ferreira convidaram o Senhor Jeoval (Mestre da Banda de Congo de Boa Vista), um dos organizadores do Carnaval de Congo, para iniciarem de forma sistemática oficinas de confecção de máscaras com as crianças e adolescentes das Bandas de Congo da região.

Quando Seu Queiroz era vivo, era ele quem confeccionava as máscaras. Seu Queiroz aprendeu a fazer máscaras com Seu Jeoval e distribuía aos mascarados. Então, quando Zuilton Ferreira convidou Seu Jeoval para ensinar o processo de feitura das máscaras para as crianças, este teve – e tem – o maior prazer em ensinar. E essas oficinas, que durante um tempo ocorriam todos os sábados na "Bica do Luís", acabaram ganhando o envolvimento de outros artistas plásticos.

Priorizando sempre o aprendizado com Seu Jeoval, Zuilton Ferreira e Irineu Ribeiro foram aos poucos introduzindo novas técnicas e tamanhos das máscaras. Atualmente, Rômulo de Sá (Sazito), Maressa Monserrat e outros abraçam esse projeto e realizam alguma atividade lúdico-artística pelo menos uma vez a cada mês com as crianças e adolescentes da Banda de Congo Mirim de Roda d'Água:

> Posteriormente os artistas plásticos Katiane Satler e Rômulo Cabral de Sá, bem como outros voluntários, juntaram-se a esse projeto que é realizado nas sedes das Bandas de Congo da região, pelo menos um mês antes da realização da festa. Consistindo esse trabalho na realização de oficinas de confecção das máscaras de papel e das miniaturas das máscaras em cerâmica (SÁ, 2004, p. 106).

O contato com as crianças inspirou a criação das miniaturas em cerâmica das máscaras. Usadas como pingentes, já viraram tradição – amuleto para os amantes do Congo e *souvenir* da cultura capixaba. São

confeccionadas pelas crianças de Roda d'Água e seus instrutores em diversos modelos e cores (SÁ, 2004). A confecção das máscaras de Congo pelas crianças e adolescentes tem se constituído como possibilidade para que estas tenham em seu território um referencial no processo educacional informal, além de fomentar uma visão positiva da sua cultura de origem e as relações que daí surgem com o ensino formal.

Ilustração 22 – Oficina para confecção de máscaras de Congo

A Banda de Congo Mirim de Roda d'Água tem se estabelecido como um espaço de prática pedagógica sólida dentro do Eidos, o qual frequentemente descrevemos como O discurso subjacente da linguagem representa um poder invisível de estruturação e materialização, transportando consigo o conhecimento experienciado, as emoções, a afetividade e as reflexões mais profundas relacionadas às necessidades e fantasias existenciais (LUZ, 2004). Os encontros das crianças e adolescentes nos ensaios e apresentações da Banda Mirim são momentos que criam perspectiva de uma educação em que o aprender e o ensinar se dão em todas as horas, em todos os locais, em todos os momentos.

Ilustração 23 – Crianças da Banda Mirim preparando máscaras

4. *ARKHÉ* – DOMÍNIO E ENERGIA DOS TAMBORES DE CONGO DE RODA D'ÁGUA

Ilustração 24 – Casaca (ao fundo, o Moxuara) – Foto: Cátia Alvarez

Recordo-me da manhã na casa de Gabiroba (pai de Mestre Tagibe), em que lhe pedi para me contar uma história antiga de Roda d'Água e ele me disse que a mais antiga que conhecia era dos negros que conseguiram escapar do Queimado, atravessando a nado o Rio Santa Maria:

- Até acabar a escravidão, eles ficavam ali no morro do Moxuara escondidos; lá eles faziam de tudo, tinham família, plantavam, produziam cachaça. A cachaça deles era tão boa que os brancos compravam para mandar para África e lá trocavam por outros escravos pra trabalhar nas fazendas dos brancos.

O orgulho e a valorização do significado de nascer e ser de Roda

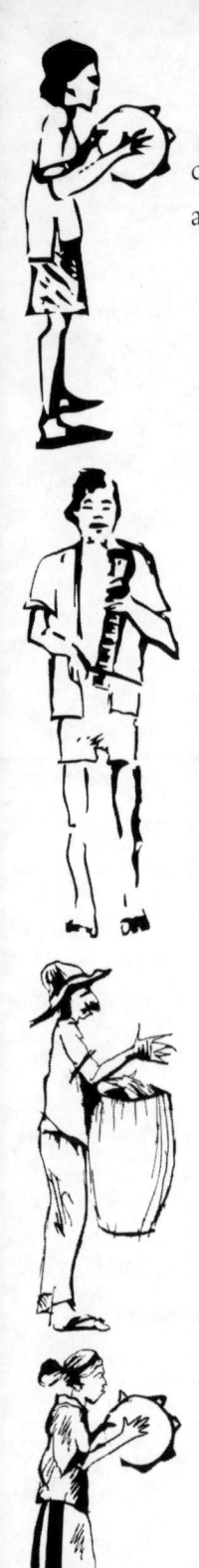

d'Água estão na fala dos mestres e no comportamento das crianças e adolescentes, podendo ser observados na música de Zuilton Ferreira:

E eu criança canto Congo com amor
De Roda d'Água, minha raiz para o Brasil.
Em Roda d'Água a abelha faz mel
O Beija-flor na bananeira seu ninho.

E eu criança canto Congo com amor
De Roda d'Água, minha raiz, para o Brasil.
Em Roda d'Água sabiá na laranjeira
Moça bonita me dá rosa da roseira,

E eu criança canto Congo com amor
De Roda d'Água, minha raiz, para o Brasil.
Em Roda d'Água tem sotêco de banana
Jenipapina, cachaça, caldo de cana,

E eu criança canto Congo com amor
De Roda d'Água, minha raiz, para o Brasil.
Em Roda d'Água entre pedras corre um rio
Que todos amam e preservam com amor,

E eu criança canto Congo com amor
De Roda d'Água, minha raiz, para o Brasil.
Em Roda d'Água daqui se vê lindas montanhas
Até parece que na alma elas se entranham,

E eu criança canto Congo com amor
De Roda d'Água, minha raiz para o Brasil.
Em Roda d'Água o povo é de bem
Hospitaleiro alegra a alma de quem vem,

E eu criança canto Congo com amor
De Roda d'Água, minha raiz para o Brasil.
Em Roda d'Água uma voz silenciou

Mestre dos Santos foi Deus quem te chamou,
E eu criança canto Congo com amor
De Roda d'Água, minha raiz, para o Brasil.

A Santa Isabel mestre Queiroz foi quem criou
Hoje sentimos sua falta e seu valor,
E eu criança canto Congo com amor
De Roda d'Água, minha raiz para o Brasil.
Em Roda d'Água aqui tem carnaval de Congo
Festa bonita com gente de todo canto

E eu criança canto Congo com amor
De Roda d'Água, minha raiz para o Brasil.
Em Roda d'Água o Congo é raiz
Eu sou feliz foi aqui que eu nasci.
E eu criança canto Congo com amor
De Roda d'Água, minha raiz para o Brasil.

(Título- Raízes de Roda d'Água
Letra e Música – Zuilton Ferreira)

A peça, marcada com os símbolos e os significados de nascer em Roda d'Água, chama para um tempo disciplinar que, como escreveu Foucault (1999, p. 135), "se impõe pouco a pouco à prática pedagógica – especializando o tempo de formação e destacando-o do tempo adulto, do tempo ofício adquirido; organizando diversos estágios separados uns dos outros por provas graduadas". A peça *Raízes de Roda d'Água* discorre sobre a comunalidade de Roda d'Água como uma composição inesgotável, visto que dela surge a probabilidade de se recriar a felicidade na alegria de ser congueiro. Traduz em versos a territorialidade e possibilita um dos aspectos mais relevantes da vivência congueira, "anunciados através das narrativas sagradas" (PEREIRA; GOMES, 2002, p. 63).

A peça de Zuilton Ferreira é um convite para se pensar o Congo enquanto instrumento didático-pedagógico; chama-nos para uma educação capaz de ir além do currículo formal; compõe uma leitura lírica

da estética e da narrativa da Banda Mirim de Roda d'Água e configura o respeito aos ancestrais. Ainda, apresenta-se como acesso aos tambores que dão sentido ao coletivo e à alegria e configuram a narrativa mítica que indica as cores, os sabores e o cheiro de tamborizar.

Não é sem esquecimento de suas raízes ancestrais que, durante a pesquisa, sentados embaixo de uma mangueira, pergunto a Mestre Prudêncio como nasceu o Congo de Roda d'Água. Ele, com astúcia, me responde que, após a Revolta do Queimado, muitos negros que conseguiram fugir para a Região de Roda d'Água criaram ou recriaram o Congo que já se brincava na Serra:

- (...) Eles correram para aquela região de Moxuara ali, que é hoje a Banda de Congo da Unido de Boa Vista, que ainda permanece aquele povo que é nós mesmos e tal! Este povo aqui, então! O povo de Roda d'Água com Taquaruçu, onde eles tocavam no Adriano. É um morro que tem, tinha um lugar isolado, ainda tá lá! Muito alto, eles tocavam lá e Piranema tocava naquele pico do outro lado, mas isso é também devido à polícia não ir lá para mexer com eles, eles faziam os tambores que nem esses que eu faço de tronco oco de madeira e tocavam lá nos morros. (...) Os negros que fugiram do Queimado, tudo conhecia o Congo e aí eles trouxeram a cultura, né!

As referências à presença quilombola fincada no Moxuara ainda repercutem contemporaneamente na região, influenciando e estimulando a população de ascendência africana. A exemplo também do Seu Gaudêncio, da Banda de Congo de Boa Vista, se referindo à ponta do Moxuara:

- Era o quilombo, tipo um quilombinho; era ali onde eles ficavam e dali tentavam subir por aqui e dali, eles passavam aqui por esse alto e desciam lá pelo outro lado, aí não tinham como pegar, né! Eles estavam numa posição superprivilegiada, tem uma lagoa ali embaixo, a única coisa que não tinha era acesso para subir

114

no monte alto, só na cabeça do bicho, dali que eles observam, da cabeça do bicho.

Essa contemporaneidade alenta Roda d'Água a recortar o tempo e o espaço através da dinâmica das Bandas de Congo e ativa a *arkhé*, que se fundamenta na *episteme* africana. Esta, no Brasil, também se fundamenta nos territórios quilombolas, em sua maioria locais de difícil acesso para onde iam os negros que fugiam do regime escravocrata:

> Se Palmares foi o mais célebre, indubitavelmente o maior de todos os quilombos, não foi o único. A história e a geografia do Brasil (muitos lugares ainda se chamam Quilombo, em recordação dos negros fugitivos que aí se fixaram) nos revelam a importância da fuga coletiva e da resistência à escravidão e à assimilação da cultura dos brancos. Muitos desses quilombos foram construídos próximos a lugares povoados, mas outros, porém, formaram-se a grande distância, no coração das florestas (BASTIDE, 1971, p. 131).

Pautados nos valores de liberdade, os quilombos representam a mais ampla resistência com que o povo negro lidou com a escravidão, tendo os valores civilizatórios incontestavelmente simbolizados na ação educadora dos quilombos. Como escreveu Clovis Moura:

> O quilombo aparecia onde quer que a escravidão surgisse. Não era simples manifestação tópica. Muitas vezes surpreende pela capacidade de organização, pela resistência que oferece; destruído parcialmente dezenas de vezes e novamente aparecendo, em outros locais, plantando a sua roça, construindo suas casas, reorganizando sua vida e estabelecendo novos sistemas de defesa. O quilombo não foi, portanto, apenas um fenômeno esporádico. Constituía-se em fato normal dentro da sociedade escravista. Era a reação organizada de combate a uma forma de trabalho contra a qual se voltava o próprio sujeito que a sustentava.

É sabido que os quilombos nunca desapareceram. A ideia dos quilombos como grupo de pessoas isolado das comunidades tem desaparecido na medida em que se intensificam os estudos sobre as comunidades remanescentes no Brasil. A geografia brasileira possibilitou diferentes tipos de quilombos, alguns mais próximos e outros mais afastados das capitais. "Ao lado desses quilombos afastados, existiram, por causa da natureza do país das montanhas virgens cheias de matas, próximas às grandes capitais, pequenos quilombos de negros puros, sem interferência do índio" (BASTIDE, 1971, p. 138).

> *Arkhé* é uma palavra de origem grega que se refere tanto à origem como ao devir, futuro. Princípios inaugurais que estabelecem sentido, força e dão pulsão às formas de linguagem estruturadoras da identidade: princípios-começo-origem; princípio recriador de toda experiência: gênese (LUZ, 1999, p. 49).

A ininterrupção do Congo em Roda d'Água tem permitido o recriar e o reviver dos valores da civilização africana, legado dos ancestrais que afirma e assegura a representação e a continuidade das Bandas de Congo.

4.1 O fogo – poder que aquece os Tambores de Congo

> *Se o Congo tá frio,*
> *é preciso esquentar,*
> *Se não, fica feio...*
> (Mestre Gaudêncio)

Cada vez que o Congo vai sair, ou se apresentar, acende-se uma pequena fogueira e os tambores são postos em forma de círculo. Esse ritual, que aparentemente acontece apenas pela necessidade de aquecer e afinar os Tambores de Congo, está carregado de símbolos, energia e poder emanados do fogo. O acender da fogueira gera comunicação e códigos de ligação, que naquele momento estabelecem "múltiplas dimensões estéticas, formas próprias de sociabilidade, modos de produção, e sobretudo cosmogonia" (LUZ, 1996a, p. 74).

- Bem antigamente, quando o Congo era proibido, o finado meu pai dizia que eles iam pro meio da mata e lá acendiam a fogueira. A fogueira tanto servia para dar o toque bom dos tambores como clareava tudo, e aí eles podiam tocar em paz, porque ninguém ia lá no meio da mata. (Mestre Prudêncio)

O fogo que aquece os tambores é um dos recursos de tradução da episteme africana que empregamos neste trabalho, objetivando, desta forma, emitir ideias que contextualizem no discurso acadêmico o universo epistemológico africano dos Tambores de Congo. Assim recorremos à categoria de *arkhé*, procurando nos aproximar do universo simbólico da civilização africana.

Citando Mestre Didi, Narcimária Luz (1996, p. 75) explica a *arkhé* como:

> A noção de *arkhé* agrega numa unidade indiscernível, o sentido de princípio-começo-origem, e o princípio--poder-comando (...) Não se limita a algo referido a antiguidade e/ou anterioridade. Na tradição africana, ela representa o princípio inaugural, constitutivo, recriador de toda experiência. Assim, é insuficiente referir-se a *arkhé* como volta nostálgica a um passado, ela abrange também o significado de futuro, na medida em que se entende como o vazio que se subtrai às tentativas puramente racionais de apreensão.

Assim, é admissível apontar uma afinidade direta entre a categoria de *arkhé* e os Tambores de Congo, pois ambas se referem a uma elaboração de linguagem, princípios-comunicação que se renovam e se expandem.

A *arkhé* dos Tambores de Congo "irá imprimir na dinâmica da educação pluricultural, formas de sociabilidade que promovam a comunhão entre as identidades culturais que caracterizam a nossa genealogia" (LUZ, 1996, p. 75).

Estamos considerando os Tambores de Congo como *arkhé*, pois a continuidade da comunidade de Roda d'Água passa pelos Tambores de Congo, conduz e afirma o processo de legitimação no qual os valores, o respeito aos mais velhos e a educação contínua e permanente como responsabilidade de todos caracterizam a formação das crianças e adolescentes.

- Ah, Roda d'Água só existe porque, graças a Deus, a gente tem o Congo para nos unir. Aqui todo mundo conhece todo mundo, todo mundo é parente, é tio, é compadre, todo mundo se conhece e não tem esse negócio de filho de sicrano ou filho de beltrano não, se a gente vê um menino fazendo coisa errada a gente chama atenção e ele obedece. (Dona Maria, esposa de Mestre Tagibe)

Os Tambores de Congo constituem-se de diversos códigos de linguagem e beleza, além de possibilitarem continuidade com a "memória legada pelos ancestrais, a circulação de força que propicia a harmonia cósmica, a linguagem onde se expressa essa forma de ser" (LUZ, 1992a, p. 61). A linguagem deles constitui-se do *Eidos* – formas de elaboração e realização da linguagem, modo de sentir e introjetar valores e linguagens, conhecimentos vividos e concebidos, emoção e afetividade. Ao mesmo tempo que forma o *Ethos,* pois este constitui a linguagem grupal enunciada, as formas de comunicação, visão de mundo, discursos significantes, e manifesta modo de vida e configurações ético-estética (LUZ, 2004).

Assim, *eidos* e *ethos* se projetam nos Tambores de Congo, possibilitando que a linguagem codificada no modo de educar esteja voltada para o sentir, elucidado nas emoções individuais e coletivas;

permitindo possibilidades do criar e recriar contínuo da comunidade. O *eidos* e *ethos* promovem a comunalidade que constitui o espaço territorial, solo onde estão plantados os Tambores de Congo.

4.2 Tambores de Congo – Cultura Africana

> Mais forte que os açoites dos senhores
> são tambores, são tambores!
> Chico César

Ao falar de cultura e dos rituais africanos, começamos a falar do seu mais divergente elemento: os tambores; e falar deles é uma tarefa difícil. Os tambores não são apenas como os vemos; têm em si conotações naturais e sobrenaturais. Estão ligados aos rituais que se relacionam às danças, à música e à literatura.

Ao serem trazidos para as Américas, os africanos tiveram que impor os seus ritmos e instrumentos que trouxeram em suas mentes e corpos. Como escreveu Castanha (2001, p. 25), "para os negros trazidos para o Brasil, preservar seus costumes e hábitos cotidianos, como a língua e a religião, era extremamente difícil". Entretanto, o axé, ou essência de ser e criar, é uma das provas que, ao passar pela "Árvore do Esquecimento"[7], os negros e negras não permitiram que suas memórias ficassem presas ali. Agarraram-se aos seus Orixás e chegaram. Como bem destaca Muniz Sodré (2002), no Brasil a crença nos seus deuses possibilitou toda a organização social e política dos negros dentro da sociedade escravagista:

> Para o negro no Brasil, com suas organizações sociais desfeitas pelo sistema escravagista, reconstituir as linhagens era um ato político de repatrimonialização. O culto aos

---

7 No filme/documentário *Na Rota dos Orixás* há uma menção de que os trabalhadores negros, quando capturados para embarcarem para as Américas, tinham que dar voltas em torno da árvore do esquecimento para que toda sua memória fosse apagada. Os homens eram obrigados a dar sete voltas e as mulheres, nove.

ancestrais de linhagem (egun) e dos princípios cósmicos originários (orixás) ensejava a criação de um grupo patrimonial (logo, de um "território" com suas aparências materiais e simbólicas, o terreiro) que permitia relações de solidariedade no interior da comunidade negra e também um jogo capaz de solidariedade no interior da comunidade negra e também um jogo capaz de comportar a sedução, pelo sagrado, de elementos brancos da sociedade global. O sagrado sempre presidiu a origem de qualquer ordem. "No mito e no culto", escreve Huizinga logo no início do seu Homo Ludens, "originam-se as grandes forças motrizes da vida cultural, o direito e a ordem, o comércio, o ganho e o artesanato, bem como a arte, a poesia, a erudição e a ciência" (SODRÉ, 2002, p. 75).

Foi a solidariedade dos africanos o fato que possibilitou a reconstrução da civilização e da comunalidade fora do território de origem. Os laços de irmandade e a crença no sagrado permitiram que seus valores fossem reelaborados.

Enfatizar as dimensões territoriais e simbólicas do grupo patrimonial do terreiro incita, portanto, a se pensar a presença do elemento político-econômico em qualquer estruturação simbólica. Isto se evidenciava principalmente no aspecto das relações comerciais nos dois lados do Atlântico, África ou Brasil (SODRÉ, 2002, p. 75).

Os ritmos musicais que caracterizam a África Negra e atravessaram o Atlântico expressam a diversidade da cultura musical nas Américas e, em particular, desse cantinho do Brasil chamado Espírito Santo, onde as batidas dos Tambores de Congo repicam africanidade. Como bem salienta o professor Henrique Cunha Júnior (2001, p. 6-7), os conceitos de africanidade e afrodescendência ampliam a "participação das populações de origem africana na cultura nacional e nos sistemas de educação".

Através dos tambores é possível criar e recriar ritmos e sonoridade; estabelecer dinâmicas de valores de uma cosmovisão africana capaz de assegurar uma educação plural e democrática, dimensionada didaticamente nos valores da cultura africana. Os Tambores de Congo interagem com o emocional, o intelectual, o físico e o psíquico do corpo, proporcionando, individual e coletivamente, "estímulos da imaginação como um constante desafio para o intelecto e um cultivo do senso de apreciação" (SANTOS, 2002, p. 25).

Assim, recriar os valores dos Tambores de Congo na escola é consagrar uma cosmovisão do mundo africano. Ademais, possibilita crescimentos individuais e coletivos da comunidade escolar, garantindo aos seus componentes o poder de se desenvolverem como pessoas livres e alegres, como seres capazes de expressar suas emoções.

> A proposição de uma educação no contexto é promover uma linguagem pedagógica que estabeleça uma relação dinâmica entre os valores sociocomunitários da tradição e os códigos da sociedade oficial, exigindo e assegurando nessa relação o direito de identidade própria (LUZ, 2000a, p. 161).

Como escreve a professora Helena Teodoro (2005, p. 96), a pedagogia do mundo africano é "iniciática, o que implica participação efetiva, plena de emoções, onde o espaço para cantar, dançar, comer e partilhar". Portanto, é preciso unir todos os aspectos e elementos que envolvem e simbolizam os Tambores de Congo para desenvolvermos na escola uma nova abordagem para a educação, pois somente através disso é possível construir e proporcionar experiências lúdicas e conscientes nas quais conhecimentos e comunicação componham a história e cultura coletiva do povo negro nas Américas.

5. BANTOS E ANCESTRES REPRESENTADOS NO CULTO A SÃO BENEDITO

O Rei Congo, Rei Congo de beira mar (Bis)
O Rei Congo foi pra guerra
Aí meu Deus o que será
Olerê, olará, Rei Congo de beira mar (Bis)
Olaê, olaê
Olaê, olelê, olaê.

5.1 A presença banta e o território dos tambores

Com muita propriedade, Muniz Sodré (2002, p. 8) já escreveu que "cultura nenhuma experimenta, é certo, um acesso imediato ou direto ao real. Há sempre uma mediação, entendida como o processo simbólico que organiza as possibilidades existenciais do grupo". A reflexão em torno dessa frase permite pensar o Congo no Espírito Santo e as inúmeras possibilidades que podem ser enumeradas para explicar as origens e os fundamentos da história e da cultura do Congo.

Dote da ancestralidade africana, alguns estudiosos apontam o Congo como sendo de origem banta. "O povo banto, que se encontra em um território mais vasto e menos densamente povoado em relação ao da África Ocidental, fala uma variedade de línguas que remontam a um tronco linguístico comum, o protobanto de quatro milênios atrás" (CASTRO, 2002, p. 39). Ademais, o Congo e a Congada encontram-se no mesmo tronco linguístico.

> O povo Bantu, originário do Congo-Angola, veio para o Brasil no início do período colonial, e foi colocado nas

plantações, em grupos pequenos nos centros litorais do Maranhão, Alagoas, Minas Gerais e, mais tarde, no Rio de Janeiro, São Paulo e Espírito Santo (LUZ, 2000, p. 95).

É comum observar referências ao Congo e Congada como uma mesma manifestação. Todavia, quando se trata de Congo e Congada no Espírito Santo, estamos falando de manifestações distintas, em que o Congo se caracteriza diferentemente dos demais estados cujas manifestações recebem nomes semelhantes. No entendimento das palavras, nos símbolos e significados, Congo e Congada são duas coisas infinitamente diferentes para os capixabas.

De maneira bastante simplificada, poderíamos dizer que Congo, ou Banda de Congo, é um grupo de pessoas que se unem em torno dos tambores, tocam instrumentos, dançam e cantam melodias amorosas, religiosas ou simplesmente de brincadeira, algo caracteristicamente da cultura do Espírito Santo. Portanto, não é à toa que volta e meia ouvimos a forte expressão: "digo e repito: as Bandas de Congo não são Congadas". Ainda pouco conhecido e mal divulgado, raros são os trabalhos que mencionam o Congo do Espírito Santo, sendo mais frequentes menções ao Jongo e ao Ticumbi. E não são raros aqueles que descrevem o Jongo, o Ticumbi e o Congo como sendo o mesmo ritual.

Em busca da denominação do Ticumbi, a professora Maria Bernadete Cunha de Lyra descreve a seguinte citação em seu trabalho *O Jogo Cultural do Ticumbi:*

> O mestre capixaba observa que o nome parece ser corruptela de cucumbi. O cucumbi cuja origem banta foi posta em relevo por Nina Rodrigues, parece ter sido uma forma mais primitiva e essencial de congada. Roger Bastide não difere cucumbis de congadas ou de Congo ou de ticumbis ou de turundus, especificando que a diversidade dos nomes se deve apenas a denominações regionais e considerando a todos como danças que acompanhavam a coroação do Rei do Congo (LYRA, 1981, p. 38-39).

Quando iniciamos estudos para a arqueologia do Congo de Roda d'Água, nos deparamos com inúmeras lacunas, e cada uma delas aponta-nos diversos caminhos e possibilidades. A necessidade de aprofundamento nesse assunto não se encerra aqui, porém optamos por adotar neste trabalho o referencial utilizado pelos manifestantes das tradições capixabas, por entender que este gera o coletivo e possibilita um estudo *desde dentro*.

Mestre do Ticumbi de Conceição da Barra desde 1954, quando assumiu a responsabilidade do grupo, ao ser convidado para apresentar o Ticumbi no Quarto Centenário de São Paulo, o Senhor Tertolino Balbino explica-nos:

- O Ticumbi é uma brincadeira religiosa, de cultura religiosa, é uma cultura africana. Isto vem do passado, de pai para filho, são dezoito componentes: são doze Congos, dois reis, dois secretários, uma porta estandarte e um violeiro. (...) Não, Ticumbi não é Congo! Alguns falam que é Congo, mas o Congo é de tambor, eu não sei... De tambor é o jongo também, mas o que eu sei desde quando me entendo por gente que jongo é jongo, Congo é Congo e Ticumbi é Ticumbi.... O Ticumbi é diferente do Congo, porque o Congo é de tambor e o Ticumbi é de pandeiro.

Ilustração 25 – Ticumbi

As diferenças de uma representação para outra não se restringem apenas ao uso dos instrumentos, mas estão, sobretudo, no olhar e na

concepção que cada participante faz da manifestação em que está inserido. Quando Mestre Tertolino menciona que no Ticumbi são doze Congos, ele se refere a doze tocadores de pandeiro e tem dificuldades de saber por que estes são chamados assim.

Os estudos dos folcloristas sobre o Ticumbi não dão conta de esclarecer essas e muitas outras questões, pois se limitam a pensá-lo dentro de um aparato ideológico que trata a história e a cultura negra como supostamente menos elaboradas. Outras vezes formulam seus estudos sobre as tradições como peças teatrais, a serem encenadas para entretenimento de alguns.

Observa-se que, para aqueles que enquadram as manifestações negras dentro da perspectiva folclórica, prevalece a lógica do absurdo e pequeno valor. Em geral são estudos descritivos, à custa da repetição sem crítica, impondo o absurdo que muitas das vezes se torna sedutor como uma alternativa às argumentações que passam frequentemente pelo crivo da dúvida crítica (PEREIRA; GOMES, 2001). Assim sendo, nossos estudos impõem a necessidade de tomar os rituais da cultura afro-capixaba a partir de uma fundamentação mítica e implicam estudar o Congo e todas as suas vertentes ancestrais como continuidade do mundo africano.

O Ticumbi é uma dança de origens africanas que se caracteriza por sua natureza guerreira, retratando um confronto entre os reis do Congo e de Bamba, que disputam pela honra e proteção de São Benedito. Esta manifestação cultural é uma festa tradicional que tem suas raízes no norte do estado. Anualmente, o Ticumbi ganha vida nas ruas de Conceição da Barra, no norte do Estado, durante o período de encerramento do ano.

Além do Ticumbi, outra referência importante é o Baile de Congo. Conforme observado por Neves (1979), trata-se de uma versão mais simplificada em comparação com outras representações congêneres encontradas no Brasil. Nesse contexto, não há dramatização de mortes, ressurreições, coroações de reis ou rainhas, e o elenco de personagens é menos numeroso. (Neves, 1976), (Neves, 1979).

Mestre Tertolino explica que os tocadores de pandeiro sempre foram chamados de Congo:

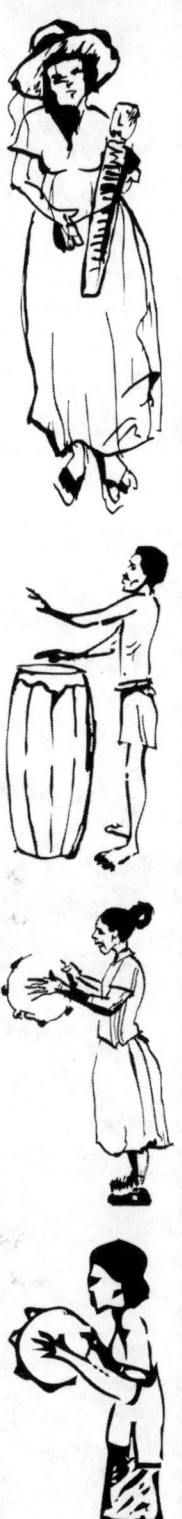

- Ah, tem muito tempo! Tem muito mais de trezentos anos que chamam assim, porque desde quando eu me entendi, já tinha o mestre já de idades que estava tocando e havia continuado esta brincadeira. Uns tratam de brincadeira de São Benedito e outros tratam de Congo, mas o principal é o Ticumbi. Então quando eu peguei a responsabilidade, que já está com cinquenta e um anos que venho trazendo esta manifestação assim do jeito que eu peguei.

Os conhecimentos, a linguagem e valores ancestrais de Mestre Tertolino Balbino nos levam a crer que as manifestações culturais e religiosas de ascendência africana foram ao longo do tempo adaptadas e recriadas inclusive como estratégia para a manutenção da cultura nas novas terras. Talvez esteja aí a chave que abre as festas de terreiro e possibilita semelhanças e diferenças entre os Batuques, o Candomblé, a Congada, o Caxambu, o Congo, o Jongo, os Maracatus, os Moçambiques, o Samba de Bumbo, as Taieiras, os Ternos, o Ticumbi e muitas outras manifestações. "Em algumas instituições do que poderíamos denominar de ciclo das congadas, observamos um entrelaçamento das tradições implantadas pelos africanos oriundos da região bantu com valores característicos nagôs" (LUZ, 1995, p. 457).

A palavra "Congo" aparece no Ticumbi relacionada com os tocadores de pandeiro, como menção ao Rei de Congo e aos brincantes do Ticumbi, como descreve Mestre Tertolino:

- Os Congos são aqueles que tocam os pandeiros. São os componentes. Eu, que sou o mestre, tenho o meu ajudante e cantam os dois, primeiro e segunda voz. E também tem o contraguia, o primeiro Congo, segundo, terceiro, quarto, quinto e o sexto, são de dois em dois pares, com isto formando os pares. Então faz a fila, seis de um lado e seis do outro. E ali nós vamos cantando e fazendo a manifestação, que não é tudo parado, é

cantado, fazendo a manifestação, e tem as danças, conforme a parte tem um balado e tem a dança mais lenta, assim:

Rei Congo: – Vai no trono de Reis de Bamba
E vai dizê a ele
Que a festa de São Benedito
ele não há de fazê-lo
Se acauso ele intimá
grande guerra havemo *dá*
que, ô há de morrê tudo
Ô São Benedito festejá.
(...)
Rei Bamba: Rei Congo
Guerras e mais guerras.
Guerras sem arreceio
Que eu costumo entrá na guerra
Com sangue pelos joêio!

Rei Congo: Dá no Bamba com jacatana
que esse povo de reis de Bamba
são mole que nem Banana

Como o Rei de Bamba não aceita as determinações do Rei de Congo, inicia-se a guerra, que só finaliza depois de muito tempo, quando o Rei de Bamba aceita dividir o império com Rei de Congo. Ao estudar o Ticumbi, Marco Aurélio Luz (1995, p. 450-451) registra: "a unidade do império, porém, se estabelece em meio à estratégia de africanização do catolicismo, onde o batismo se apresenta como referência de maior tensão, e ponto culminante da dramatização".

(...)
Rei Congo:

Ajoêia-te, Rei Bamba
Que eu quero te batizá

Tu sois reis pagão
Que chegou neste lugá.
(...)
Rei Congo:
Alevanta-te, Rei Bamba
Que tu já *está* batizado
Se sôis fie companheio
podereis senta a meu lado.
(...)
Rei Bamba: olá povo devoto
Que viero me acompanhá
Peça licença a Reis Congo
Que é pô impere Rezá.

Ainda de acordo com o professor Marco Aurélio (1995, p. 452):

> Cessada a tensão dramática envolvendo a unidade estratégica do império, ocorre a passagem para o Ticumbi propriamente dito, que desenvolve aspectos da continuidade da tradição nas terras americanas. (...) É, portanto, assim que o ancestre "filho de Zambi" se caracteriza São Benedito, cujo culto se constitui num "escudo" de desenvolvimento e expansão dos valores negros à sombra da igreja.

Mestre Tertolino nos explica a origem do Ticumbi:

- Bom! É africana porque tem algumas partes que são... Que a gente canta... A gente mesmo não é africano, mas o Ticumbi é... É africano porque vem acompanhado o dia de São Benedito, quer dizer: São Benedito era africano porque tem umas partes que a gente canta e não sabe o que significa aquelas partes. Como tem uma parte que cantam Zambi... Zambi o ê...! Eu mesmo não sei o que dizer! O significado de Zambi o ê...! Mas é parte africana!

De fato, a palavra *Zambi* é africana, de língua banta. Para os povos bantos, esclarece a professora Yeda Pessoa de Castro (2002): "o

nome é muito importante para os africanos, tanto assim que os nomes que as pessoas recebem ao nascer estão vinculados a determinadas circunstâncias". As palavras estão carregadas de simbologias e força. *Zambi* significa "Deus maior" e também é o "Verbo e aquele que fala – o falador". Essa talvez seja a razão para Muniz Sodré (2002, p. 93) explicar:

> Na verdade, os bantos não dispõem sequer de um conceito universal de força (o termo **mana** designa a aplicação de forças ativas), pois as coisas particulares são, elas próprias, forças diferenciadas. Deuses, homens vivos e mortos, plantas animais, minerais são seres diferentes. Existem, assim, diversas quantidades de força, com nomes diversos. Por exemplo, a força dotada de vontade e inteligência chama-se **mantu** (e esta palavra pode ser traduzida como pessoa), enquanto força sem razão, sem vida, chama-se **bintu** (coisa).

No Ticumbi, e em todas as outras manifestações, a ancestralidade africano-brasileira pode ser continuada e renovada: "Através do Ticumbi, os negros puderam encontrar formas capazes de continuar sua adoração a Zambi" (LUZ, 1995, 453). Pioneiro na classificação das danças de tambores – "Batuque Congo-Angoles" –, Carlos Rodrigues Brandão já atribuía a origem do batuque à cultura banto-africana. O estudo dele, *Peões, Pretos e Congo: trabalho e identidade étnica em Goiás*, analisa a origem da congada com três enquadramentos distintos:

> Se nos colocarmos em um contexto de congadas mais amplo do que o de Goiás, podemos constatar que, de acordo com o modo como desenvolvem suas sequências, as congadas já estudadas no Brasil podem ser redivididas em três tipos: a) confronto entre forças invasoras e forças invadidas, identificadas ambas como "de africanos" (por exemplo, Congoleses e angoleses), ou então africanas de um lado e mouras ou turcas as do outro lado. Vitória dos

invadidos e conciliação de todos ao final; b) confronto entre forças invasoras e invadidas (em geral as da rainha Ginga e as do Rei Congo). Derrota dos invadidos e submissão ou morte de integrantes da família do rei; c) confronto de forças invasoras e invadidas fora do contexto africano (em geral o exército dos cristãos comandado por Carlos Magno, contra o dos mouros). Vitória dos cristãos e perdão dos vencidos (BRANDÃO, 1977a, p. 173-175).

Arrancados de seu território, os povos bantos, bem como os demais povos africanos que desembarcaram no Brasil, criaram e recriaram uma outra territorialidade. Esta, por sua vez, possibilitou a implantação de novos valores. Na maneira de ser e perceber o mundo, nas falas, cantigas e danças, a presença do banta no Brasil transplantou o território dos tambores.

Bantu, nagô, o africano tradicional não é um ser "social" (esta é uma perspectiva moderna), mas ritualístico. Pode dizer que o ritual é lógico (porque existe uma compatibilidade sistemática de seus signos), eficaz (visa a fins precisos) e mesmo empírico (sua eficácia comporta comprovações, dados de realidade). Mas nenhum desses meios de produção de real (exaltados na ordem social moderna), nem sequer o conjunto deles, domina o ritual. Enquanto na ordem moderna, a verdade (o real) se impõe aos autores sociais, por ser produzida numa escala transcendente ou superior ao grupo, na ordem arcaica, a fala que sustenta a elaboração do real está na mesma escala dos parceiros da troca ritualística (SODRÉ, 1998, p. 131).

Todo esse complexo cultural presente no Ticumbi, no Congo e em todas as demais manifestações negras do Espírito Santo materializa a presença Banto no território capixaba e consolida a territorialidade dos Tambores de Congo.

5.2 A entrada das mulheres no Congo – triunfos, organização e beleza

O *Atlas Folclórico do Brasil: Espírito Santo* descreve o Congo ou Bandas de Congo da seguinte forma: "são grupos compostos de homens, em número variável – dez a trinta – que tocam e cantam em dias de festa de santo (São Benedito, São Sebastião e São Pedro) nas puxadas de mastro em festas eventuais". De fato, a introdução das mulheres no Congo começa a ocorrer timidamente a partir dos anos setenta do século XX. Como parte da dinâmica, corporalidade e continuidade que caracterizam a cultura do Congo. Hoje todas as Bandas de Congo são compostas por homens e mulheres:

- Eu sempre fui muito afinada, então eu sempre gostei muito de cantar, um dia (isso tem muito tempo, eu ainda era mocinha e tinha bem pouco de casada [pausa] eu não sei se já tinha menino [criança]. Então, como eu lá ia dizendo, um dia nós estávamos no Congo. Era assim, os homens de um lado com os tambores e casaca e tal, e eu mais as outras mulheres e as crianças do outro lado, só ouvindo, só ouvindo, aí eu combinei com a minha colega da gente responder o Congo. As mais velhas acharam que era abuso de nossa parte, mas a gente arriscou, os homens cantaram e nós respondemos. Foi coisa incrível, todo mundo achou uma beleza. Aí eles foram mandando mais e nós respondendo, quando a gente deu por conta a mulherada estava toda dentro da roda cantando e dançando. Aí num teve jeito mais, né! As mulheres tomô conta do Congo. (Dona Leolina da Banda de Congo de Pinanema)

A introdução das mulheres no Congo aparece como conquista e modernização. Ainda que sejam elas que organizem e viabilizem as saídas do Congo, elas não tocam nos tambores. Em algumas bandas já é possível ver mulheres tocando chocalho e até casaca, porém o tocar dos tambores é somente permitido aos homens:

- (...) No meu tempo não tinha mulher, não tinha uniforme, não tinha nada! Era só homem pra tocar nos Tambores. (Mestre Antero)

Ilustração 26 – Rainha do Congo

Há Bandas de Congo que se apresentam com a Rainha do Congo, geralmente a mulher do Mestre (existem rainhas que não possuem vínculos de parentesco com o mestre). O Mestre não receba nunca o nome de Rei, como comumente acontece nas Congadas. A Rainha se veste com roupas que a diferenciam das demais congueiras, usando vestidos longos, rendados e cheios de babados. Outras vezes, a Rainha do Congo se apresenta com o mesmo uniforme das demais congueiras, que na maioria das bandas usam saias rodadas de comprimento até o joelho e chapéus de palha enfeitados com flores e fitas coloridas. O elemento especial da Rainha é que ela dança carregando a bandeira da Banda, combinado sempre ao santo ou santa a que a Banda de Congo está associada:

- (...) Mulher? Não existia! Foi a gente que colocou. Quando eu coloquei as mulheres no Congo, foi muito difícil o pessoal acostumar! Depois foi o uniforme, o Jeoval foi um que brigou com a gente! "Não existia uniforme! E para que uniforme no Congo? E tal!" E foi muito trabalhoso! E agora para registrar as bandas, o cartório não quis registrar! Mas a gente registrou!

E aí chegou lá Odair, aquele já morreu! Tem uns vinte e cinco dias. "Prudêncio! Rapaz, o cartório não registra o Congo não! Você está enganado, só se registra Banda Marcial, e não Banda de Congo! Deixa-me ver este documento?" Ele olhou, olhou! Foi o compadre Natanael Cardoso, ele não era meu compadre! Ele era professor na época, nem delegado ele era! Ele olhou! Olhou! "Rapaz, eu vou registrar porque este documento está muito bem feito". Aí ele registrou! E aí aconteceu, as bandas são todas registradas e têm sede própria. (Mestre Prudêncio)

Do mesmo modo que ocorrem as mudanças e dinâmicas continuamente nas Bandas de Congo, acontecem as resistências às mudanças. No Congo e fora dele, as conquistas das mulheres vêm ocorrendo dia após dia. Em toda a região de Roda d'Água, destacam-se o trabalho e o empenho das mulheres na organização e manutenção das Bandas Mirins, solidificando os "valores mítico-políticos e religiosos, hierarquias comunais, linguagem, modo de vida, princípios filosóficos, códigos estéticos, concepções culinárias, organização político-social, elaborações territoriais" (LUZ, 2000, p. 45)

Ilustração 27 – Ana Rita e as crianças da Banda Mirim na oficina de Máscaras para o Carnaval de Congo – Foto: Sazito

O trabalho de orientação às crianças consiste em ensiná-las a tocar os instrumentos – que são os mesmos das Bandas de adultos –, a cantar as toadas típicas e a executar os passos da dança. Existe uma forte conexão das Bandas de Congo mirins com os estabelecimentos escolares próximos, o que vem facilitando a propagação dessa manifestação popular lado a lado com o ensino e o aprendizado formais (SÁ, 2004).

Darinha, da Banda de Congo Unidos de Boa Vista; Osnilha e Estefânia, da Banda de Congo São Benedito de Piranema; e Ana Rita Porfírio e Nilzete, da Banda Mirim de Roda d'Água, cada uma em seu tempo e espaço, desenvolvem no interior das bandas mirins uma dinâmica que se constitui na comunalidade de origens africanas.

É sabido que no Brasil a presença das mulheres na luta pela valorização do povo negro remonta aos tempos coloniais, em que se registram vários quilombos chefiados por mulheres. Como exemplo, podemos citar o Quilombo de Quariterê, no Mato Grosso, chefiado por Tereza de Quariterê; o Quilombo de Palmares, em Alagoas, chefiado por Aqualtune; e um dos quilombos no norte de São Mateus, Espírito Santo, chefiado por Constância d'Angola[8].

A força e a presença feminina no Congo demonstram que as mulheres organizadas inauguram um período de grande influência política. Dentro de sua diversidade, o protagonismo das mulheres nas Bandas de Congo explicita o avanço na discussão e proposição de políticas a partir da ótica feminina e destaca que esse movimento simboliza o processo de democratização, por direitos à igualdade para as mulheres, contra o patriarcalismo e o racismo, além de evidenciar um antigo provérbio africano que diz: "Quem educa uma mulher, educa um povo".

Não há dúvida de que as Bandas de Congo se constituem como espaço de amadurecimento para as mulheres, homens, adolescentes e crianças, espaço para "o sentir, o tocar, o perceber, o nascer, o se tornar mulher, assim como sentir, tocar, nascer e se tornar negro" (SOUZA, 1994,

---

8 "heroína das lutas pela liberdade, mãe privada de criar seu filho, guerreira temida por muitos homens valentes" (AGUIAR, 1995, p. 25).

p. 123). A plenitude de ser congueira se traduz num universo de beleza, autoestima, histórias e ancestralidade.

5.3 Reis de Congo e Congada, estratégias e táticas dos africanos

Marco Aurélio Luz (1995, p. 441) classifica como congada "diversas manifestações dramático-religiosas ocorridas durante as festas dos padroeiros das irmandades negras e durante o período das comemorações do Dia de Reis". No seu livro *Os sons do Rosário: o congado mineiro dos Arturos e Jatobá* (2002), Glaura Lucas aponta os trabalhos de Núbia Pereira de Magalhães Gomes e Edimilson de Almeida Pereira como principais referências para elucidar as origens do Congo e da Congada no Brasil. Observa-se, entretanto, que esses autores não incluem em seus estudos o Espírito Santo quando escrevem:

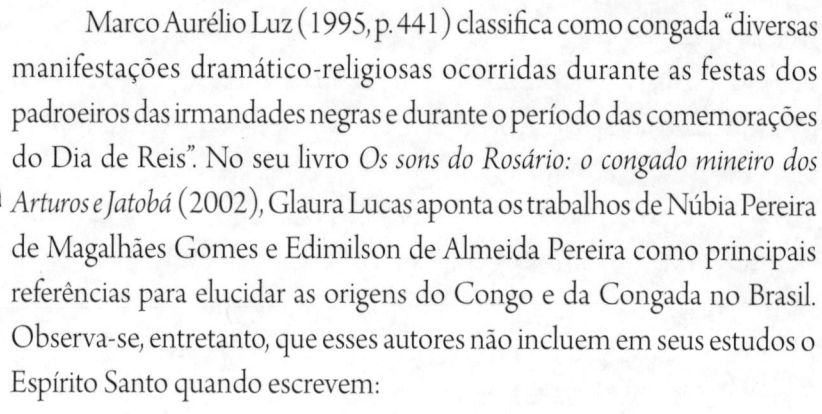

> Existe uma correspondência entre os termos Congos, congada e congado. A denominação Congo é mais usada no Norte e Nordeste, designando a totalidade do auto, mas pode também significar uma guarda ou terno, como em Minas Gerais e no Paraná. Quanto à variação entre congado e congada, trata-se apenas do uso de dois gêneros para a mesma palavra, ora na forma masculina ora na feminina. Já o Reinado é um dos componentes do congado, refere-se à coroação de reis e à constituição de uma corte. O termo Reisado, no entanto, se distingue como outro folguedo bastante diferenciado: a referência a reis está relacionada com os Reis Magos, figuras presentes no ciclo natalino (GOMES; PEREIRA, 2000, p. 246).

"O congado tem origem luso-brasileira", afirma Lucas (2002, p. 44), ao descrever que o catolicismo de Portugal abasteceu a Igreja no Brasil com os elementos europeus da devoção à Senhora do Rosário. "Os diversos grupos étnicos, classe sociais e categorias profissionais se organizavam em torno de irmandades específicas, sob a fé a um ou outro santo padroeiro" (LUCAS, 2002, p. 44).

Ainda que se visualizem elementos da cultura indígena e da cultura portuguesa no Congo, para os congueiros de Roda d'Água, a origem do Congo é africana, pois veio da África com os negros:

- O Congo nasceu lá na África e veio para cá com os escravos. Eles trouxeram tudo na cabeça, os tambores, o toque, tudinho... (Mestre Tagibe)

- De onde veio o Congo? Lá das bandas da África, os escravos que trouxeram... (Mestre Gaudêncio)

- Olha, é tudo de negro, saiu lá da África, chegou aqui (...) olha pra cara dos congueiros que você vai ver... tudo preto, preto. (Mestre Prudêncio)

A ancestralidade africana se fundamenta quando os congueiros arquitetam a origem do Congo. É essa alteridade civilizatória que possibilita a afirmação da autoestima dos congueiros e congueiras, como se percebe na fala deste jovem:

- A importância do Congo na minha vida é que o Congo é a minha história, eu acho que eu tocando Congo, eu trago a África pra mim, de onde vieram meus antecedentes, eu trago a África para perto de mim... (Eustaquio Barone).

Marco Aurélio Luz (1995) enfatiza que as congadas simbolizam a ampla diversidade de tática que os africanos usaram na sua luta e resistência contra os portugueses e sua imposição religiosa católica: "Quanto mais a igreja ia de encontro aos africanos para lavar-lhes a alma pagã, mais ela se africanizava" (p. 449).

As simbologias e representações do batismo católico, presentes em algumas manifestações de origem negra, são exemplos que caracterizam a luta do povo negro por preservar e manter suas tradições, mesmo que para isso fosse necessário usar estratégias de *pacificação* e convívio:

A própria rainha Ginga, quem mais lutou por uma unidade estratégica, apoiada pelos setores tradicionais, ao final da guerra, só obteve paz em meio a negociações que incluíram o seu batismo e a aceitação da convivência com os capuchinhos, mas fazendo da igreja católica o "cavalo de Troia" dos valores africanos (LUZ, 1995, p. 449).

Tudo isso nos permite afirmar que nos mais simples ou complexos rituais dos Reis de Congo e/ou Congada, como no Congo capixaba, as estratégias dos africanos em louvação aos santos católicos não passaram de táticas de resistência paulatinamente implantadas para africanizar os valores e a religião católica.

> Senhor rei, não me mateis,
> Não me mateis por piedade,
> Também sou filho de rei,
> Também tenho majestade!
> Sou filho do rei Catroqueis,
> Afilhado da Virgem Maria,
> Almirante de Loanda,
> Embaixador da Turquia

5.4 Devoção aos ancestres representada no culto a São Benedito

> São Benedito, ele é o nosso padroeiro.
> São Benedito, se festeja o ano inteiro
> (bis)
> Vem cá devoto
> Venha cá me dê a mão
> São Benedito vem me dar Salvação.
> (bis-3x)

Transformado em cultura de origem local, a arqueologia do Congo no Espírito Santo se instala num ciclo de comunalidade determinada pelos cultos e festejos a São Benedito em quase todos os municípios do estado. Vale lembrar que, embora a padroeira oficial do estado seja Nossa Senhora da Penha, São Benedito é o santo mais cultuado, devoção que se estende de norte a sul do Espírito Santo.

Sofrendo com inesgotáveis perseguições a suas religiões de origem, os negros escravizados africanizaram o catolicismo, possibilitando que seus ancestrais fossem cultuados. É esse processo de africanização que explica a grandiosidade da devoção a São Benedito, negro escravizado que transgrediu as leis da escravidão.

A identidade com o Santo Preto pode ser a base para explicar o processo civilizatório africano como tática de sobrevivência ancestral. "Perseguida, a religião negra continuava através dos oratórios, das ermidas, dos santuários, das irmandades, das procissões, das festas, das cruzes" (LUZ, 1995, p. 438).

Provedores da tradição oral, os congueiros e devotos de São Benedito passam seus conhecimentos para a comunidade. Patrimônio cultural de ancestralidade compreendido como composição da manutenção da memória individual e coletiva das populações tradicionais, "como forma de respeito aos antepassados e ao legado do patrimônio civilizatório implantado nas Américas" (SANTOS, 2000, p. 31).

As crianças e adolescentes ouvem e aprendem as linguagens do Congo, a dança e os ritmos. Na aprendizagem permanente da lição dos ancestrais como sinônimo de vida emanada dos tambores, essa matriz histórica africana se reproduz. Em torno do navio Palermo giram vários mitos e contos de origem das Bandas de Congo na Serra. A história abaixo foi narrada pelo falecido Mestre de Congo Antonio Rosa. Apresentaremos a narração na íntegra, pois, ainda que exista muita controvérsia em torno de sua originalidade, essa história nos remete a um dos patrimônios civilizatórios africanos no Brasil, além de apresentar "formas e códigos de comunicação da comunidade africano-brasileira" (LUZ, 1998, p. 37):

> Em 1856, quando havia comércio de escravos para o Brasil, um navio vindo da África naufragou na costa de Nova

139

Almeida, só restando 25 tripulantes escravos, que se salvaram agarrados ao mastro do barco. Gritavam pelo santo preto, ao qual não sabiam o nome, e por Deus, para que os salvassem. Este milagre eles receberam e acabaram por alcançar as praias de Nova Almeida. Acontece que esses escravos se espalharam pelas fazendas que existiam na época, indo trabalhar nos engenhos de cana-de-açúcar em vários lugares do município da Serra, como Putiri, Cachoeirinha, Hestes, Perinheiro, Pindaíbas, Muribeca, Queimado e lá viveram trabalhando para os senhores. Neste meio tempo, eles lembraram que tinham uma promessa a pagar ao santo preto. Criaram uma Banda de batuque ou Banda de Congo com tambores feitos com "oco de pau" e bambu, mas só com permissão dos senhores. Depois vieram a saber que era São Benedito o santo ao qual pediram ajuda.

Os contos em torno do Palermo coroam São Benedito como o santo congueiro e estabelecem todo o calendário do Congo no município de Serra. Na maioria dos outros municípios do estado, onde São Benedito também é cultuado, as festas em torno do santo apresentam diferentes variações, a depender das particularidades da localidade.

No centro de Vitória a devoção a esse santo por muitos anos esteve intimamente ligada às irmandades Caramurus e Peroás. Atualmente essa festa é organizada pela Veneranda Arquiepiscopal Irmandade São Benedito do Rosário, mantendo um caráter unicamente religioso. Enquanto no bairro de Santa Marta, sede da Banda de Congo Amores da Lua, a procissão ao santo acontece em meio a muito Congo:

> Os devotos de São Benedito, de uma ou outra Irmandade, procuravam sobressair-se em tudo, isto é, no jeito com que realizam suas festas, na maneira como se portavam nos ofícios religiosos, nas procissões, mesmo no convívio social, até no trabalho, no extremismo de suas rugas, no fanatismo com que apregoavam os milagres do santo,

em Vitória. Cada partido se dizia mais beneficiado pelo número desses milagres, sendo que, na indumentária, faziam questão de exibir as cores que adotavam mormente as mulheres (ELTON, 1988, p. 25).

Destacam-se ainda as festas nos municípios de São Mateus, com as festas de Reis no mês de dezembro, na igreja de São Benedito, e no dia do santo; e Conceição da Barra, com os festejos aos Reis de Congo e Reis de Bamba, e o Ticumbi, rendendo homenagens ao glorioso São Benedito:

> São Benedito das piabas
> Morador do Corgo Fundo
> São Benedito vai simbora
> Deixa saudades no mundo

Nos municípios de Guarapari, Santa Tereza, Itaguaçu, Fundão, Três Barras, São Gabriel da Palha, Ibiraçu, Vila Velha e outros, os festejos apresentam um ciclo de festas semelhante ao do município de Serra, cujo aporte com a ancestralidade ecoa em Cariacica – na região de Roda d'Água. Em suas estratégias de sobrevivência, os negros escravizados elegeram os santos pretos como interlocutores. "A devoção se dirigia inicialmente aos ancestres africanos representados por Nossa Senhora do Rosário, S. Benedito, Santa Efigênia, Nossa Senhora Aparecida, etc., assim como as santas almas, espíritos ancestrais", segundo o professor Marco Aurélio Luz (1995, p. 437).

Apesar das inúmeras crises assinaladas por diferentes contextos, cada vez mais africanizado, o catolicismo se propagou de tal forma que, "em 1759 a coroa procurou esvaziar o poder do estado eclesiástico, tomando providências restritivas às ordens religiosas" (LUZ, 1995, p. 438). Em todos os tempos, usando estratégias e táticas possíveis, a africanização do catolicismo reafirma a fidelidade aos ancestres. Assim, quando congueiros e congueiras, devotos(as) de São Bino, como intimamente é tratado, iniciam os ciclos de festas, estabelece-se o *continuum civilizatório africano* presente nos festejos e rituais. "O ritual é a festa. Por festa entende-se uma categoria

que engloba as diferentes partes em que o ritual pode ser desmembrado", segundo a professora Bernadete Lyra (1981, s/p).

5.5 A Cortada do Mastro – uma promessa a pagar

Em uma das histórias que explicam a origem do Congo, conta-se que, em outubro de 1862, Crispiniano da Silva, um dos trabalhadores escravizados salvos do naufrágio de 1856, já com moradia fixa em Putiri, criou a primeira Banda de Congo junto com os outros sobreviventes, trabalhadores de outras fazendas nas cercanias de Serra. O grupo liderado pelo negro Crispiniano da Silva tinha como objetivo completar as suas promessas e, para isso, solicitaram aos seus senhores que arranjassem a "boiada de carro" (junta de bois). Permissão concedida, entraram na mata montados em seus *corcorgis* (cavalos) e, ao chegarem ao brejo, escolheram uma árvore (o guanandi) e a derrubaram. Cortaram, colocaram-na em seus ombros e subiram a mata dando vivas ao Santo Preto.

Quando chegaram, carregando a grande tora de guanandi, despertaram a curiosidade de todos, que perguntaram em coro: "O que vão fazer?" Responderam que arranjassem a permissão para colocar canga na boiada de serviço e com as correntes atadas ao madeiro:

> As cangas deveriam ser enfeitadas de flores silvestres. Assim, andariam em volta das casas da fazenda e residência dos senhores. Os senhores, montados a cavalo, vigiavam pensando que era golpe para que pudessem fugir. E assim fizeram: No dia marcado, lá iam à frente os negros e seus batuques; acompanhando a junta de bois com cangas enfeitadas, puxando o tronco. As famílias dos senhores, e capatazes, vigiando.

Após essa festa, os trabalhadores escravizados novamente pediam permissão para prosseguir com a homenagem a São Benedito. Essa homenagem ocorre todos os anos quando os congueiros na Serra celebram o milagre do santo e agradecem por terem sobrevivido ao naufrágio.

5.6 A Fincada do Mastro – fundamentos de identidade

> Meu São Benedito
> Já foi Marinheiro
> E deixô congada
> Para nós conguero
> Na linha do Congo
> Sômaçambiquero

Presentes em vários municípios e bairros, a cortada, a fincada e a puxada do mastro de São Benedito atraem inúmeros devotos e curiosos. Em todos esses momentos, as Bandas de Congo estão presentes.

> Certas·tomadas de decisão dentro do processo criativo nos revelam a extensão da utilização dos recursos e procedimentos musicais próprios e característicos no âmbito da expressão e comunicação, para o atendimento das necessidades, ao mesmo tempo em que nos mostram alguns processos que contribuem para sua transformação (LUCAS, 2002, p. 79).

Preparam o madeiro (tronco de Guanadi), com ele fazem um mastro (semelhante àquele que os salvara). Os negros constroem um navio em cima de um carro de boi, enfeitando-o de flores silvestres para simbolizar o navio que naufragou com seus irmãos e companheiros. Mastro erguido, levantam a bandeira de São Benedito, que permanecerá elevada até a data de retirada do mastro. A identidade estabelecida a partir desse momento solidifica a união e devoção com o santo, possibilitando

o fortalecimento coletivo do grupo. Como escreve Munanga (1992, p. 166), "qualquer grupo humano, através do seu sistema axiológico, sempre selecionou alguns aspectos pertinentes de sua cultura para definir-se em contraposição ao alheio".

Os elementos que compõem o ciclo do mastro deveriam fazer parte do currículo escolar. Ao observar as riquezas dos artefatos plásticos e os desdobramentos pedagógicos que constituem a fincada do mastro, afirmamos que momentos como esse oferecem à comunidade capixaba uma afirmação positiva da identidade negra, altamente distorcida e historicamente negada.

> A identidade pode ser vista como uma espécie de encruzilhada existencial entre indivíduo e sociedade, em que ambos vão se constituindo mutuamente. Nesse processo, o indivíduo articula o conjunto de referenciais que orientam sua forma de agir e de mediar seu relacionamento com os outros, com o mundo e consigo mesmo. A pessoa realiza esse processo por meio de sua própria experiência de vida e das representações da experiência coletiva de sua comunidade e sociedade, apreendidas na sua interação com os outros. A identidade coletiva pode ser entendida como o conjunto de referenciais que regem os inter-relacionamentos dos integrantes de uma sociedade ou como um complexo de referenciais que diferenciam o grupo e seus componentes dos "outros", grupos e seus membros, que compõem o restante da sociedade (NASCIMENTO, 2003, p. 30-31).

As desigualdades raciais estabelecidas na sociedade brasileira ainda estão fincadas nas escolas. Portanto, é urgente reconhecer a história, a cultura e os valores da comunidade onde se vive, pois esse é um passo concreto para enegrecer a escola e construir a partir daí uma identidade positiva de nossas crianças e adolescentes.

5.7 Retirada do Mastro – uma possibilidade para a escola

> Clareia do dia clareia
> Clareia o dia no mar clareia
> O dia clareia
> Deixa o dia clarear
> Já louvou Bino Santo
> Já louvou Bino Santo
> Nosso Congo vai embora...

Passados alguns dias após a fincada do mastro, acontece sua retirada. Durante todo o tempo que durou o período escravista, a bandeira de São Benedito era presenteada aos senhores, donos dos trabalhadores escravizados. Conta-se que naquela época os negros pediram que se mandasse fazer uma capelinha no mesmo lugar onde foi erguido o mastro de São Benedito. Desejo atendido, os senhores construíram a capela no local determinado e passaram então a fazer a festa todo ano, na mesma data.

A oportunidade de vivenciar os ciclos das festas dedicadas a São Benedito permite criar um novo currículo e buscar uma intervenção "positiva da escola para reversão de uma imagem negativa imputada ao negro" (SANTANA, 2004, p. 22).

> É necessário salientar, reiteradamente, que os educadores devem considerar, no seu cotidiano pedagógico, a perspectiva literária que não esteja reduzida ao repertório clássico anglo-saxônico, mas dedicar-se a promover, entre as crianças e jovens, uma literatura que faça transbordar a emoção poética, vigor existencial e universo simbólico que caracterizam a genealogia da nossa identidade nacional (LUZ, 1998b, p. 39).

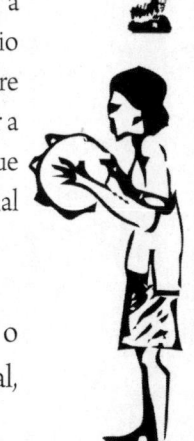

É preciso entender que, no contexto das celebrações, "soube o negro aproveitar para reconstrução do seu mundo existencial e social,

expandindo os valores civilizatórios africanos no âmbito das sociedades urbanas nascentes no Brasil" (LUZ, 1995, p. 436). A identidade cultural codificada e edificada nas festas permite às pessoas, de forma individual e coletiva, socializar o conjunto dos valores presentes nessas datas. "Os valores culturais formam a estrutura social em suas bases materiais, éticas e espirituais" (TEODORO, 1987, p. 46) e plantam comportamentos e linguagens capazes de semear, crescer e florescer uma identidade ajustada aos valores de comunhão e solidariedade característicos desses grupos.

> Cada vez mais a escola tem tido possibilidades de repensar suas práticas. A posse, no ano de 2003, de um presidente oriundo das camadas populares trouxe a expectativa de mudanças para alguns setores sociais, especialmente para aqueles que vêm acumulando uma demanda histórica por transformações que lhes possam garantir melhores condições de vida (SANTANA, 2004, p. 15).

"Habitualmente", analisa Cunha Jr. "as nossas dificuldades educacionais, como grupo étnico, são imputadas apenas a condições socioeconômicas" (1987, p. 53). É certo, portanto, que a escola elabore um caminho novo para traçar seus objetivos pedagógicos. Escute a voz da comunidade, aprenda o ensinar dos tambores instalados em cada ciclo, mantidos no corte, na fincada e na retirada do Mastro de São Benedito.

6. REVOLTA DO QUEIMADO – SINGULARIDADES DO DESEJO DE LIBERDADE

Importante mobilização de resistência ao regime de escravidão, a Revolta do Queimado ocorreu em 19 de março de 1849, na Vila de São José do Queimado. Segundo o pesquisador Cleber Maciel (1993, p. 50), "o movimento foi organizado e iniciado por alguns escravos mais conscientes da conjuntura histórica que parecia indicar uma possível vitória".

Completados 155 anos do massacre em Queimado, consideramos que o fato ainda careça de minuciosa pesquisa em fontes primárias e secundárias (já em 1884, quando Afonso Cláudio publicou a monografia *Insurreição de Queimado*, o processo que condenou os trabalhadores escravizados envolvidos na construção da Igreja de São José e na revolta que se seguiu extraviara-se, saberão os Deuses de Chico Prego e de João da Viúva por quê!...). Romper definitivamente com a falta de informações sobre os fatos e o silêncio é urgente. Como o são pesquisas, seguidas de análises críticas das obras já editadas referentes a São José do Queimado e ao levante, aproximando a Revolta de Queimado, na Serra, com a Região de Roda d'Água, em Cariacica, promovendo uma releitura historiográfica do tema a partir dos laços míticos que unem os dois municípios, a fim de não incorrer em equívocos.

A Revolta do Queimado continua despertando a atenção de escritores e historiadores, sem que se faça, contudo, uma profunda investigação e análise dos fatos ocorridos naqueles dias e posteriormente. No ano de 1999, quando se completaram 150 anos do massacre de Queimado, três livros foram lançados por ocasião das ditas comemorações:

Insurreição do Queimado, segunda reedição da monografia de Afonso Cláudio, publicada pela primeira vez em 1884 – primeira obra a tratar do tema, escrita sob inspiração abolicionista, e que veio a tornar-se o grande referencial historiográfico para estudo da escravidão no Estado do Espírito Santo; o romance *O Templo e a Forca*, de Luiz Guilherme Santos Neves; e *Insurreição do Queimado*, de Teodorico Boa Morte.

Verifica-se, entretanto, que mesmo essas recentes publicações estão carregadas de informações deturpadas e tendenciosas. Um ponto jamais tocado pela historiografia é a caracterização socioeconômica e cultural do cenário da Revolta. Também nunca foram estudados seus desdobramentos e sua relação com o desaparecimento da então próspera Freguesia de São José do Queimado. O debate sempre foi embotado pela mera identificação das prováveis lideranças do levante.

A arqueologia da Revolta de Queimado deve propor para as escolas um novo olhar sobre as lutas e resistência do povo negro e todas as demais singularidades de dignidade e desejo de liberdade com que esse povo enfrentou e resistiu à escravidão.

Fundada por alemães e italianos, a Freguesia de São José do Queimado chegou a ser considerada uma das vilas mais prósperas do Estado do Espírito Santo, graças às riquíssimas lavouras de café e cana-de-açúcar, mantidas pelos trabalhadores escravizados. O padre italiano Gregório José Maria de Bene chegou ao Distrito de São José do Queimado trazendo o propósito de construir uma igreja em louvor ao santo local. Para tal, alinhou-se aos fazendeiros e escravocratas da região, prometendo recompensar com liberdade os trabalhadores escravizados que dessem horas de folga para a construção.

A incessante luta pela liberdade fez com que muitos trabalhadores escravizados e outros tantos já aquilombados labutassem em noites de lua cheia, aos domingos e feriados santificados, na construção da suntuosa igreja. "Era chegado o ano de 1849, sem que melhores probabilidades garantissem a aspiração dos escravos. A edificação do templo adiantava-se dia a dia, os rebeldes mais assíduos no trabalho traziam aos poucos em nome de frei Gregório palavras animadoras, de efeito calculado" (CLÁUDIO, 1979, p. 43).

> Foi noite de lua cheia
> Sexta-feira da paixão
> Depois de muito trabalho
> Muito sangue pelo chão,
> Olhares, se emancipava,
> Todo céu abençoava
> Era o fim da construção

Após a conclusão da igreja, os trabalhadores negros perceberam que a promessa de alforria não passava de mais uma trapaça. E conduzindo sua própria história, levantaram suas vozes, interromperam a missa, fecharam as portas da igreja e fizeram alguns senhores de propriedades reféns. Ao mesmo tempo, outros trabalhadores escravizados revoltosos invadiram fazendas em busca de armas e munições. Tomaram São José do Queimado, controlaram-na durante quase três dias e autoproclamaram-se livres.

É impossível conhecer os detalhes desses três dias da liberdade que floresceu em São José do Queimado. Entretanto, arriscaríamos a insinuar que foram momentos em que se projetava uma nova concepção de sociedade. "Provavelmente, a origem dos esforços dos negros contemporâneos: provar ao mundo dos brancos, acima de tudo, a existência de uma civilização negra" (FANON, 1983, p. 30). Uma civilização plural, justa e democrática, capaz de abrigar todos.

O *Correio nagô*[9] possibilitou que a notícia da construção da igreja em troca de cartas de alforria mobilizasse negros de inúmeros municípios do estado. Como bem sublinha Flávio dos Santos Gomes (1995), a teia de solidariedade constituiu outras relações sociais entre os trabalhadores escravizados, senhores, quilombolas e autoridades. Por outro lado, a possibilidade de uma revolta, caso as declarações do padre não fossem

---

9 Expressão comumente utilizada, caracteriza informações passadas e repassadas pelos negros de boca em boca.

cumpridas na primeira missa, já corria entre os negros. "As preliminares de uma luta para readquirir a liberdade denegada pelos senhores, começaram dia a dia a assumir maiores proporções até que se formulou em um plano de ataque" (CLÁUDIO, 1979, p. 40). Ainda que fragilizados,

> Os negros de Queimado já tinham reunido muitos companheiros armados e teriam alcançado grande número se os contingentes de São Mateus, de Viana e parte do Queimado tivessem chegado ao ponto de encontro, no pátio da Igreja, em tempo para a luta e se dispusessem de melhor organização (MACIEL, 1993, p. 50).

Durante todo o tempo que durou a Revolta, os negros não perderam as esperanças de conquistar a liberdade, montando para isso inúmeras estratégias, dentre elas:

> Convinha imensamente para o fim da empresa agremiar o maior número possível de prosélitos; por isso, à noite apressavam-se mensageiros comunicando que o exército dos insurgentes se reuniria no dia seguinte (20) a ordens de Chico Prego no lugar chamado Pendi-Yuca[10] (CLÁUDIO, 1979, p. 59).

As quadrinhas coletadas por Afonso Cláudio são símbolos da demonstração de esforços individuais e coletivos, sonho de pessoas que dia e noite se abraçavam a caminho da liberdade:

> Os pretos cativos
> Querendo ser forros
> Usavam cabelos
> d'altura dos morros

---

10 Córrego cujas águas são tributárias do Rio Santa Maria.

Pomada d'Ulanda
Fazia murrinha
Em cima do couro
Da carapinha.

Camisa engomada
chapéu de lemar [*]
Diziam que os negros
Iam-se acabar.

Sapatos de sola
Que faz ringido [**]
Andavam na roça
Como os dotô [***][11]

Entretanto, antes mesmo de chegar a São José do Queimado, a polícia foi eliminando todos os negros que encontrava. Tivessem participado da revolta ou não, eles eram mortos como exemplo. E anteciparam o *ciclo de chacinas*, que viria a ultrapassar o regime de escravidão, para chegar aos dias atuais "legitimadas" pelo aforismo "negro bom é negro morto". O massacre na Vila de São José prolongou-se até a detenção de muitos negros sobreviventes. "Seguiu-se-lhe uma caçada selvagem aos fugitivos, levada a efeito por impiedosos batedores capitães-do-mato que iam trucidando todos os negros que encontravam, como suspeitos de serem participantes da revolta" (MACIEL, 1993, p. 50).

Quase um ano após a revolta, aconteceu o julgamento dos

11 A nota que segue foi transcrita na íntegra, conforme apresentada pelo autor:
(*) *Levantar a aba da frente*

(**) *Esta expressão designa o ruído do sapato novo e seco sob a pressão do pé, em linguagem vulgaríssima, é claro.*

(***) *Conservamos a ortografia consoante ao modo por que foram as quadras escritas.*
Expressão da paixão do povo, a poesia inculta para ser estudada não consente a menor alteração.
A simples correção de um vocábulo pode importar a destruição do ritmo de um verso e por isso julgamos imprescindível o cunho original.
Alem disso, e preciso notar que todos os elementos aproveitados no correr da narração deste episodio o são somente debaixo do ponto de vista histórico. A transcrição serviu-nos para contestar uma afirmativa, isto e, que antes de se travar o combate decisivo dos escravos com os senhores, já os primeiros se supunham desligados da escravidão.

trabalhadores, que foram condenados a penas variáveis, de cinquenta a mil chibatadas. Quatro deles foram condenados à morte na forca, enquanto outros conseguiram fugir e se refugiar em pequenos quilombos.

Muitos revoltosos foram presos e torturados ou ainda mortos imediatamente. Os que escaparam às torturas e castigos dos primeiros momentos foram, em número de trinta e oito, submetidos a júri, que absolveu seis, condenou cinco à pena de morte e outros, a açoites. Três daqueles cinco condenados à morte conseguiram fugir da prisão e os dois restantes foram enforcados: Chico Prego, na Serra, e João da Viúva Monteiro, no Queimado, como exemplos de repressão a futuras revoltas semelhantes, principalmente nestes lugares onde esses líderes rebeldes tinham maior influência (MACIEL, 1993, p. 50-51).

Não são raros aqueles que, impregnados de uma ideologia neocolonialista e eurocentrista, acreditam que os trabalhadores escravizados de Queimado não haviam entendido direito a proposta do padre italiano Gregório de Bene. Esquecem esses estudiosos que os acordos em torno da conquista por liberdade ocorreram durante todo o tempo do regime de escravidão. Na convivência cotidiana, na micropolítica da vida diária, escravo e senhores frequentemente negociaram entre si, enfrentaram-se, fizeram acordos, enfim, criaram espaços em que um e outro exerceram influência e pequenos poderes.

Muitos pactos eram estabelecidos entre os fazendeiros, comerciantes e trabalhadores escravizados. Acordos esses, em geral, estabelecidos fora das instituições públicas; comuns, no entanto, entre as relações pessoais. A suntuosa construção da Igreja de São José do Queimado, no curto período em que ficou pronta, só foi possível graças a ajustes e combinados, que somente os Deuses saberão revelar.

A insurreição do Queimado teve grande repercussão na província. Marcou, por muitos anos, a vida dos capixabas do período escravista, pelo fato de representar sempre uma mostra da latente violência contida nas relações escravistas e da pulsante e inquebrantável vontade de liberdade que os escravos demonstravam, mesmo que para isso fossem levados à luta sangrenta e daí à morte (MACIEL, 1993, p. 50).

Reviver Queimado na atualidade é fundamental. A escola precisa estar atenta para as possibilidades de pensar e divulgar São José do Queimado não apenas como território que já não existe, mas como dinâmica propulsora que comunica e estabelece valores civilizatórios de uma parcela importante de crianças e adolescentes capixabas (LUZ, 2004).

O momento parece propício para reconstruir outro currículo escolar. Se até agora a escola não evidenciou a história e a cultura do povo negro, é hora de redimensionar as relações, tendo como possibilidade outra prática pedagógica, uma nova abordagem didática curricular, experimentando a arqueologia de São José do Queimado como possível e necessária. Isso pois "acreditamos que o campo da educação deve ser compreendido de forma articulada com as lutas sociais, políticas e culturais que se desenrolaram na sociedade" (GOMES; SILVA, 2002, p. 22).

6.1 Ancestralidade – vínculos que redimensionam São José do Queimado

A ancestralidade neste trabalho está pensada como valores de mundo, memória dos negros e negras que possibilitaram que o contínuo civilizatório africano chegasse até os dias atuais irradiando energia mítica e sagrada dos Tambores de Congo e dos tocadores que já não mais estão neste plano do universo. Integrantes do mundo invisível, os ancestrais orientam e sustentam os avanços coletivos da comunidade.

Em todo o tempo e espaço, o valor de mundo ancestral é projetado dentro da comunidade como dinâmica que se estabelece através "da

busca das origens que os tornam renovados e permitem a expansão e a continuidade desses princípios" (SANTOS, 2000, p. 28). A preocupação dos ancestrais é com a harmonização do universo, tanto visível quanto invisível. Expressão de humanismo marcado por uma disposição moral-ética e espiritual em que a vida envolve a integração de diferentes elementos e aspectos, sejam eles físicos, emocionais, sociais ou espirituais. A capacidade de se adaptar e incorporar essas dimensões de forma equilibrada contribui para uma vida plena. Buscar o desenvolvimento pessoal e intelectual como parte fundamental da experiência humana. É a ideia de que a vida não é estática, mas sim dinâmica e em constante movimento. (FRANCISCO, 1992).

São José do Queimado, que chegou a constituir-se de uma área de 77 km² pertencente à Comarca de Vitória e ao Município de Santa Leopoldina, é um local que culmina ciclos de vida e morte de muitos negros e negras que tombaram na luta por liberdade e justiça. Atualmente Queimado é uma área abandonada, quase totalmente desabitada, restando apenas ruínas da igreja – que, ao contrário do que muitos pensam, não foi incendiada – e vestígios do cemitério.

Depois da Revolta do Queimado, São José nunca mais foi a mesma. Cleber Maciel registra que cinco anos depois da revolta houve a apresentação de uma Banda de Congo na vila. Mas é certo que aos poucos São José foi sendo desamparada pelas autoridades, fazendeiros e comerciantes e esquecida por seus moradores. "Um Congo apresentou-se, em 1854, numa festa em Queimado, região do município da Serra. Ocasião em que foi celebrada uma missa" (MACIEL, 1994, p. 89).

Antigos moradores explicam a decadência da localidade após a revolta dos trabalhadores escravizados, proferindo que a "antiga Vila de São José é hoje morada tranquila dos espíritos que ali penaram". Apesar da dor e do sofrimento, é prudente pensar São José do Queimado como território de resistência, luta e bravura, pois é nessa dimensão que buscamos compreender o *continuum* civilizatório africano-brasileiro. Este constitui a "mítica" em torno da Vila de São José do Queimado e proporciona "uma das formas mais originais e genuínas de comunicação africano-brasileira, que são os contos míticos, cujo universo simbólico expressa a riqueza deste patrimônio civilizatório" (LUZ, 1998, p. 37).

As ruínas da igreja e do cemitério, desgastadas pelo tempo e abandono, devem ser pensadas como testemunhas da luta e resistência do povo negro; características culturais singulares, a partir de sua herança histórica; possibilidades para explicitar a africanidade do local e a relação desta com os temas educacionais (LUZ, 1996b; CUNHA, 2001).

Em 1994, quando realizava um trabalho sobre Queimado, entrevistei a Senhora Ormi Rodrigues Matos, na época com seus honrados 77 anos. Nascida e criada na Serra, Dona Ormi contava que nasceu em Boa Esperança, bem próximo de Queimado: "Eu nunca pensei que o Queimado pudesse um dia acabar [pausa] isso nunca passou pela minha cabeça". Quando perguntei como era a Vila de São José do Queimado, com lágrimas nos olhos ela respondeu: "A vila? A Vila, minha filha, era uma beleza só, ia da beira do Rio Santa Maria até o Porto do Una[12]. Você precisava ver: o rio tinha muito peixe, e era uma movimentação danada por causa do comércio, era barco dia e noite, pois tudo aqui passava pelo rio".

"Lembrança não é, assim, mera repetição", lembra-nos Sodré,

> (...) uma vez que nenhuma memória pura e simples poderia fazer reviver o passado. O reencontro com o passado só se dá na reconstrução da memória por um sistema de valores que coincide com o quadro social presente, ele próprio uma lembrança estável e dominante (a exemplo do mito como estrutura dinâmica de relação com o real), mas aberto à indeterminação da realidade (2001, p. 84-85).

A Revolta do Queimado é um tema de grande interesse da população afro-capixaba, pois estamos tratando de seus antepassados; da luta por liberdade que foi semeada na sociedade capixaba. O culto à memória de

---

12 Porto no distrito da Serra. Deságua na margem direita do Rio Santa Maria.

Chico Prego, Elisiario, Carlos, João da Viúva e outros quilombolas deve ser mantido no mesmo patamar com que parcela significativa da sociedade brasileira atualmente reverencia Zumbi do Palmares.

Os valores da comunidade e o respeito à ancestralidade que se constituem em São José do Queimado reafirmam dentro das escolas e fora delas a autoestima de nossas crianças e adolescentes. O processo histórico das comunidades negras na África estabelece uma conexão contínua e duradoura com princípios e valores transcendentais que desempenham um papel fundamental na formação de identidades e relacionamentos pessoais..

Assim, presente na memória de muitos moradores do Município de Cariacica, a Revolta do Queimado reforça os indícios de que os Tambores de Congo de Roda d'Água estão diretamente conectados com o solo serrano. Isso porque existem fortes vestígios de que muitos dos negros que conseguiram escapar do massacre de Queimado se refugiaram em pequenos quilombos na região de Roda d'Água, Cariacica.

6.2 São José do Queimado e o encontro dos pássaros de fogo

Conversando com uma moradora das cercarias do Queimado, a dona de casa Adália, indago-lhe se conhece alguma história em torno da região. Dona Adália dos Santos Pereira, 64 anos, nos informa que desde pequena ouvia sua mãe e seus tios dizerem que "nuvens em volta da parte de cima do Mestre Álvaro são sempre sinal de chuva"; e ainda hoje ela se guia pelo monte, lembrando também que não gosta de ir até a pedreira de onde os trabalhadores extraíram material para construção da igreja de São José do Queimado, "pois parece que tem sempre gente gemendo".

O Mestre Álvaro, com 833 metros de altitude, é um morro cuja forma dá nome ao Município de Serra; indica o bom e o mau tempo – "quando o Mestre Álvaro veste o capote das nuvens é chuva na certa", afirma o marido de Dona Adália. Agricultor, o Senhor Antonio gosta de pescar nas horas de folga e no domingo. Ele afirma com toda convicção:

- O Mestre Álvaro é o mais importante ponto de referência da Serra, desde os tempos da escravidão, os escravos que ali viviam vigiavam dos pontos altos quem chegava e quem saía. Eles ficavam lá de cima cantando com seus tambores bem baixinho, que era pro povo daqui não escutar:

-Eu vim do mar
Eu vim correndo da tempestade
Vim louvar São Benedito
No meio dessa cidade
São Benedito é santo
Santo da proteção
Vim louvar São Benedito
No meio da multidão.

Tanto quanto o município de Serra, Cariacica possui inúmeras belezas culturais e naturais ainda inexploradas. São lagoas e montanhas com fauna e flora privilegiadas, piscinas naturais, com águas convidativas, e veios de águas que formam o complexo hídrico dos municípios, encantando assim os amantes da natureza.

Nesses dois municípios da Grande Vitória também estão fincados as formas e os códigos de comunicação da comunalidade africano-brasileira. O patrimônio afro-capixaba firmado como territorialidade mítica, social e política, em que, através das Bandas de Congo, é possível afirmar a relevância, símbolos e significados da nossa ancestralidade africana, "ampliados na continuidade dos vínculos e das alianças comunitárias tradicionais" (LUZ, 1998, p. 37).

Quando percebemos o número significativo de negros donos de pequenas propriedades na região de Roda d'Água e nos debruçamos sobre os registros de terras – 1855-1856 –, realizados pelo Vigário da Freguesia de Cariacica (é curioso observar nesse registro a quantidade de nomes que

se assemelham às linguagens e falares africanos), verificamos as lacunas históricas em torno dessas terras.

A terra, principal meio de subsistência das famílias dos congueiros de Roda d'Água, onde se planta banana e café, é sinônimo de *status*, vida e continuidade. Os congueiros, em sua maioria, são donos de pequenas propriedades rurais herdadas da família, onde trabalham. Orgulhosos e investidos de poder por sobreviverem daquilo que é seu, os laços para com a terra constituem uma identidade positiva com o lugar onde moram.

Vale lembrar que para os povos indígenas e africanos a terra é um elemento sagrado de onde se retira o alimento de sustentação da comunidade. A terra é sinônimo de força e energia, e é em cima dela que se realizam as festas e se bate Congo. Ademais, nas culturas de origem na África todos são responsáveis pela nutrição permanente da terra:

> Os mais velhos são sempre esteio da comunidade, tendo um papel fundamental para as decisões e desenvolvimento do grupo. Da mesma forma, crianças e jovens têm obrigações, já que se encara a vida como um jogo simbólico, onde o crescimento só se dá na dimensão de luta, de desafio ou de enfrentamento das dificuldades que sempre aparecem e continuarão aparecendo ao longo da vida (TEODORO, 2005, p. 96).

Ao discorrer sobre Ancestralidade e Política da Sedução, Dalmir Francisco nos lembra que:

> O terreiro é um pedaço de terra. E para o africano, bantu ou nagô, gege ou ketu, a terra é sagrada e tem um duplo significado. Primeiro, a terra, fertilizada pela água, é força de alimentação e nutrição, base da vida. Segundo, a terra consome, é o lugar para onde a morte encaminha os indivíduos que serão, depois, reclamados ao convívio dos vivos, pelo culto e invocação dos ancestrais (FRANCISCO, 1992, p. 187).

Usamos essa citação entendendo que o conceito aplicado por Francisco para explicar a importância da terra para as comunidades de terreiro pode-se tranquilamente transportar para Roda d'Água, bastando para isso que substituamos a palavra terreiro pelo nome região. Pesquisas nesses sítios são urgentes e necessárias, não apenas para revelar a origem dessas propriedades, mas, sobretudo, por possibilitar o preenchimento de uma lacuna histórica. Nosso entendimento é de que entre Roda d'Água e São José do Queimado possa estar a chave para relacionar o Congo no Município de Cariacica com os quilombos que ali se formaram a partir da Revolta do Queimado na Serra.

> É necessário salientar, reiteradamente, que os educadores devem considerar, no seu cotidiano pedagógico, a perspectiva literária que não esteja reduzida ao repertório clássico anglo-saxônico, mas dedicar-se a promover, entre as crianças e jovens, uma literatura que faça transbordar a emoção poética, vigor existencial e universo simbólico que caracterizam a genealogia da nossa identidade nacional (LUZ, 1998, p. 39).

A ancestralidade presente nas falas dos congueiros reforça ainda mais os elos entre a Serra e Cariacica, o que nos possibilita pensar Roda d'Água e a Revolta do Queimado como um encontro dos pássaros de fogo.

O Moxuara é um rochedo de 718 metros de altura. No seu entorno, encontra-se uma área de preservação ambiental com várias espécies da fauna e da flora ameaçadas de extinção – como o araçá do mato, o pau d'alho, o cobi-da-terra, o cobi-da-pedra, o jequitibá e o jeriquitim. A majestade do monte serviu de referência para os viajantes e aventureiros que, no início da ocupação do estado, atravessavam os sertões do Espírito Santo em busca de novas terras e riquezas minerais. A palavra "Moxuara" tem origem no idioma tupi e significa "Pedra Irmã". No entanto, alguns historiadores levantam a possibilidade de que essa denominação tenha surgido devido à presença de um corsário francês na região. Segundo essa

teoria, quando os corsários chegaram à baía de Vitória, a densa neblina que cobria a montanha lembrava um grande lenço branco. Eles usaram a expressão "mouchoir" (lenço), que se pronunciava como "muchuar". Adota-se aqui a referência indígena *Pedra Irmã*, pois é ela que abriga a *arkhé* que conduz este trabalho e aciona a comunalidade da Região que constitui a estrutura e a identidade local:

> Princípios inaugurais que imprimem sentido, força, direção presença à linguagem, recriando as experiências. No seio *arkhé*, estão contidos os princípios de começo-origem e poder-comando, e não deve ser associada à Antiguidade e/ou anterioridade a exemplo de um passado rural, não tecnológico e mesmo selvagem. A **arkhé** também está referida ao futuro... (SANTOS; SANTOS *apud* LUZ, 1996, p. 75).

Nas entranhas da Pedra Irmã muitas histórias ainda serão lançadas ao vento. Uma delas, assoviada a casais enamorados, é que, há bem mais de quinhentos anos, o que hoje chamamos de Moxuara era uma linda jovem índia Botocuda. Mais adiante, no atual município de Serra, a montanha alcunhada Mestre Álvaro era um esmerado e forte índio de nação Temiminós[13].

O fato de pertencerem a nações rivais não impediu os jovens de se apaixonarem, embora sem o consentimento dos pais, que os proibiram de casar-se; todavia, o amor é o mais poderoso dos sentimentos, e Tupã, comovido por aquela ardente paixão, transformou-os em gigantes de pedra. Ele e ela, fincados em local das aldeias de origem, contemplam-se eternamente, e nas noites de lua cheia se transformam em pássaros de fogo

---

13 No Espírito Santo, as nações indígenas tupis-guaranis formaram as comunidades Temiminós, Tupiniquins e Tupinambás, enquanto as Gês ou Tapuias constituíram as comunidades de Botocudos e Aimorés. Outras comunidades como a dos Goitacazes, Puris, Paponozes e Masacaris viviam independentes. Quase todos esses povos foram dizimados, pela violência e/ou doenças trazidas pelos brancos, tendo sobrevivido apenas os Tupiniquins, que compõem as aldeias de Pau Brasil, Comboios, Caeiras Velha e Irajá. Os Guaranis de Boa Esperança são originários do Rio Grande do Sul e chegaram ao estado na década de 50 do século XX. Em conjunto, Tupiniquins e Guaranis vivem no município Aracruz, rodeados de eucaliptos, onde lutam incessantemente para garantir e ampliar suas terras.

(dizem até que basta ouvir forte as batidas dos Tambores de Congo) e nas proximidades da Ilha das Caieiras[14], encontram-se no ar, beijam, renovam e eternizam juras de amor de uma paixão sempre acesa.

Essa ligação mítica entre os municípios de Serra e Cariacica referencia a população negra de Roda d'Água, a partir da Revolta do Queimado, como uma comunidade livre, resultante dos pequenos quilombos que ali se formaram:

> Aqui nos servimos do mito e de sua atualização para, duplamente, reafirmar a natureza existencial do mito e de seus desdobramentos político-sociais. Num primeiro aspecto, portanto, não se trata de uma "ficção ou ilusão" fantasiosa, resultante do desconhecimento das leis científicas ou naturais ou ainda resultado de uma má consciência, ideologicamente, manipuladora ou manipulada (numa teoria da "conspiração" universal). O mito é uma narrativa dinâmica de símbolos e imagens que articulam o nosso presente vivido com o passado ancestral (arché) em direção ao devir (télos); daí o seu tecido existencial, sua natureza trágica e sua estrutura arqueoescatológica (SANTOS, 2005, p. 215).

No encontro místico do Mestre Álvaro com Moxuara estão fundamentados os valores da civilização afro-ameríndia. "Princípios como a fidelidade, o amor, o respeito aos mais velhos, os ancestrais, a hierarquia, os valores inaugurais da existência" (LUZ, 1999, p. 55). Promover a continuidade desse encontro é estender e recriar os valores inaugurais das civilizações africanas e indígenas, herança dos ancestrais que assegura a continuidade e a dinâmica da existência da cultura do Congo nos municípios da Serra e Cariacica.

Refazer o caminho dos pássaros de fogo é uma das possibilidades de encontrar a sonoridade e poesia desses territórios, é talvez a chave da

14 Bairro do Município de Vitória, de onde melhor se tem a visão das duas montanhas.

porta que se abre para a territorialidade. Considerando-se os aspectos sócio-históricos e uma proposta educacional criativa e contemporânea, na qual a ancestralidade redefine a alegria de partilhar de um espaço rodeado de práticas civilizatórias e abona o viver de nossos antepassados, conduzindo para um processo de mudanças e enriquecimento individual e coletivo, em que a emoção, a paixão, a música e a magia estão sintonizados com o *eidos* e *ethos*.

Eidos e *ethos* são linguagens que agregam uma perspectiva de educar, voltada para o sentimento, elucidada nas moções individuais e coletivas; permitindo possibilidades do criar e recriar o contínuo da comunidade. O *eidos* e *ethos* dão impulsos à comunalidade que compõe os espaços territoriais de São José do Queimado e Roda d'Água e promovem o encontro dos Pássaros de Fogo.

Ilustração 28 – Estrada de Roda d'Água – Foto: Cátia Alvarez

7. CONCLUSÃO

De origem banto africana, os Tambores de Congo representam a sobrevivência do *continuum* civilizatório africano, princípio e continuidade da *arkhé* que se sustenta na comunalidade de Roda d'Água em um vasto acervo de cores, canções, histórias, instrumentos, culinária, ritmos e erudição. Ainda, caracteriza-se como grupo de pessoas, simbolizado no tempo e no espaço da territorialidade local como Banda de Congo.

O Estado do Espírito Santo atribui ao Congo um caráter singular e se diferencia dos demais estados onde também se brincam o Congo e a Congada. A cultura capixaba está eivada de numerosas manifestações de ascendência africana, porém é no Congo que se encontram todas as possibilidades de uma linguagem ancestral. Buscamos um percurso histórico do Congo de Roda d'Água, apresentando a linguagem, a música e a poesia através das vozes dos mestres de Congo da região citada.

Em Roda d'Água está fincada a força dos Tambores de Congo. Esta força e energia se integram aos símbolos ritualísticos na forma de gestos, posturas e direções do olhar, mas também de signos e inflexões microcorporais, que apontam para outras formas perceptivas (SODRÉ, 1997). Nesse sentido, podemos tamborizar e perceber a força da territorialidade africana que emerge como patrimônio cultural e histórico.

Na peça *Roda d'Água*, do músico Zé Moreira, bem como todas as outras que apresentamos ao longo do trabalho, está a força dos tambores que correspondem à base, ao princípio, à linguagem e à *arkhé* dos Tambores de Congo:

Deus adeus morena
Vou pra Roda d'Água
Quero ver o Congo bater
Quando o Congo bater aqui
E tristeza pra longe de mim ai, ai!

Quando vem o Congo com sua nobreza
Tudo em volta é pura riqueza
Bate Gariróba quero ver quebrar
Toda maldade, toda impureza

Quando o Congo bate assim
Não há nada mais belo e profundo
Quando o Congo bate assim
Vai aliviando a dor do mundo

Roda Roda d'Água
Roda Roda d'Água
Quem bebe dessa fonte não esquece
Quando o Congo bate aqui
Até a natureza agradece

Canta Piranema, canta Boa Vista
O Mochuara sob o céu azul
Canta Munguba Roda d'Água
Encantado, Taquaruçu

Eu mandei bordar num lenço branco
O emblema de vossa bandeira
Pra eu levar sempre comigo
Que é pra eu não perder o visgo
Da folha da bananeira.

Na linguagem dos tambores, crianças e adolescentes negros e negras da Banda Mirim de Roda d'Água projetam sua identidade. Essa identidade possibilita que sua autoestima se defina como desdobramento de suas vivências dentro da comunalidade congueira. A Banda de Congo Mirim efetivamente contribui para um desenvolvimento harmônico que as universaliza enquanto essência dessa identidade, lhes possibilitando alcançar nos Tambores de Congo a força vital, o *axé* e a *arkhé*.

A partir do tamborizar buscamos nos Tambores de Congo uma perspectiva pedagógica, baseada nos valores culturais de Roda d'Água, trazendo para este trabalho traços mais significativos da civilização africana, herdados através dos antepassados dos congueiros e congueiras. É celebração da vida, representa plenitude e ideologia, "maneira de ver o mundo como transformação constante e como fonte inesgotável de prazer e criatividade" (TEODORO, 2005, p. 96).

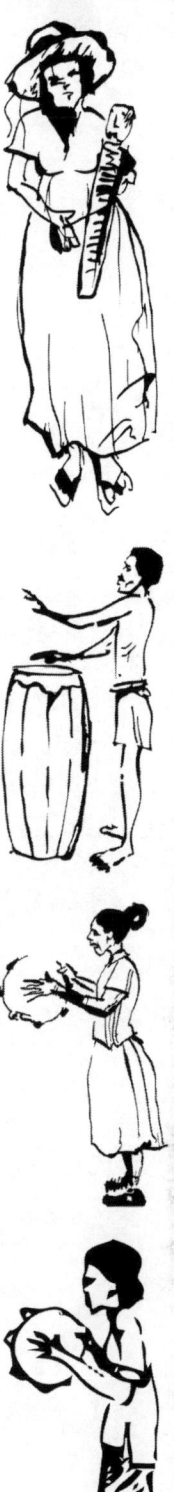

Ver, ouvir, cheirar, pegar, sentir e falar. Foi essa a metáfora que estabelecemos para descrever a identidade dos Tambores de Congo com as crianças e adolescentes da Banda de Congo Mirim de Roda d'Água. A metáfora da cultura de que falamos não se reduz à contradição por ser a metáfora de uma energia que se revela ao se exterminar o princípio da identidade, ao se aniquilarem simbolicamente os espaços dados. As relações ideológicas, de que dá conta o conceito de campo, demonstram como o grupo reproduz o seu modo de relacionamento com o sentido, sua cultura (SODRÉ, 1988).

Escutar os ritmos dos Tambores de Congo, o som dos sinos que marcam o início da celebração da Penha, as procissões, o Ticumbi, as congadas e as Folias de Reis. (SOUZA, 2001). Compreender a complexidade dessa *linguagem* não é tarefa fácil, entretanto, quando se busca conhecer e valorizar a pluralidade do patrimônio sociocultural de Roda d'Água, criam-se possibilidades de...

> uma verdadeira revolução pedagógica no sistema de
> ensino, criando uma linguagem educacional baseada nos

valores da tradição capaz de abrigar a identidade das crianças da comunidade sociocultural afro-brasileira e, assim evitar os obstáculos do ensino europocêntrico instalado (LUZ, 1996b, p. 47).

Nesse sentido, a escola se estrutura dentro de um arcabouço, muitas vezes mascarado pela ciência e pela tecnologia, ajustando o comportamento das crianças ao exercício e métodos para uma mente e um corpo docilizados à modernização, isto é, aos padrões de vida eurocêntricos, assentados na *metodização* do cotidiano (LUZ, 1997).

Na territorialidade da comunidade congueira a cultura ancestral perpassa valores e modo de vida que constituem o dia a dia. Essas heranças civilizatórias compõem prazer, música e ritmos, e representam a *arkhé* dos Tambores de Congo. Traduzem-se em promoção de práticas educativas, tendo como referencial o patrimônio histórico-cultural de seu território. A *arkhé* do Congo possibilita que os alunos e alunas negros assumam uma identidade positiva de si e de sua territorialidade; paralelamente, permite que as crianças e adolescentes congueiros e congueiras desenvolvam atitudes positivas de respeito às diferenças; e ainda impulsione um espaço para a afirmação da autoestima das crianças e adolescentes negros(as).

É sempre possível construir um enfoque didático metodológico de quaisquer assuntos do currículo obrigatório, cujas dimensões estejam pautadas na cultura afro-ameríndia, criando estratégias "no sentido de implantar no ensino básico, uma revisão dos assuntos africanos e afro-brasileiros" (NASCIMENTO, 1996, p. 60).

Com essa estratégia é possível criar uma escola mais agradável, bonita e repleta de emoções, onde o Congo, o Carnaval de Congo de Roda d'Água e todos os elementos que compõem a região de Roda d'Água possam se definir como currículo escolar durante todo o ano. "Investir na perspectiva da educação pluricultural no Brasil é trazer à tona constantemente valores de civilizações milenares que compuseram a nossa identidade nacional" (LUZ, 2004, p. 149).

O Congo é a manifestação cultural mais antiga do município de Cariacica. Ocupando um lugar de destaque, Cariacica concentrou dezenas de Bandas de Congo e, dentre os demais municípios do estado, apresenta-se a peculiaridade do Carnaval de Congo em Roda d'Água. Segundo os moradores mais antigos e os Mestres de Congo da região, no dia de Nossa Senhora da Penha os negros escravizados aproveitavam-se da saída de seus senhores para o Convento da Penha, em Vila Velha, e se fantasiavam com máscaras e roupas confeccionadas com palhas de bananeira. Ocultando suas identidades, saíam cantando e batendo Congo. As máscaras e fantasias possibilitavam a participação de outras pessoas que também não queriam ou não podiam ser identificadas. Nos dias atuais o Carnaval de Congo une as Bandas de Congo da região de Roda d'Água. Essas convidam outras Bandas do estado e juntas compõem um dos momentos mais bonitos e coloridos em que se fundamentam as ancestralidades afro-ameríndias (SÁ, 2004; SOUZA, 2003).

É passada a hora de a escola contribuir para a integração dos assuntos da comunidade. É urgente pensar e executar estratégias que possam corrigir as distorções em relação à história e à cultura dos Tambores de Congo. "Pela sua importância, a questão da terra, a solidariedade, a organização da festa e a preservação da cultura deveriam fazer parte do currículo escolar, visto que são partes intrínsecas do modo de produzir conhecimento da comunidade" (OLIVEIRA, 2003, p. 253). Acreditamos que este momento é propício para afirmar a ancestralidade africana irradiada pelos Tambores do Congo da Banda de Congo Mirim de Roda d'Água e sua importância na estruturação de linguagens pedagógicas que viabilizem a afirmação da autoestima das crianças e adolescentes negras/os e congueiras/os.

Como já dissemos no início deste trabalho, em Roda d'Água, muitas vezes quando se ouve os toques dos tambores não é festa, não é cantoria, é quase nada... é ancestralidade, um sinal de alegria e felicidade que vem chegando e se espalha no ar e nos corações das pessoas que conseguem mesmo de longe ouvir a chamada dos Tambores de Congo. A esperança é que essa escola possa construir um currículo voltado para o tamborizar,

fazendo com o que o vínculo e a força da ancestralidade se estabeleçam dentro do espaço escolar, de dentro para fora dele, edificando valores e linguagens herdados milenarmente na territorialidade de Roda d'Água. A escola carece urgentemente de considerar a influência, intervenção e (re) criação da linguagem das crianças e adolescentes negros e congueiros da comunalidade de Roda d'Água. Precisa criar espaços e estruturas para que eles/elas afirmem sua autoestima.

Me despeço da moçada
Digo adeus e vou embora
Quem fica, fica com Deus!...
Eu vou com Nossa Senhora
Quem fica, fica com Deus
Eu vou com Nossa Senhora!...
Me Despeço. Vou Embora

Ilustração 29 – Tambor de Congo – Foto Cátia Álvarez

168

REFERÊNCIAS

AGUIAR, Maciel, (1995). **Constância d'Angola**: a eterna luta das mães negras. São Mateus. Brasil-Cultura.

ALVES, Teodora de Araújo, (2003). **Coco de Zambê**: Práticas de saberes da cultura negra In: OLIVEIRA, Iolanda de; SILVA, Petronilha Beatriz Gonçalves e (Org.). Negro e educação – Identidade Negra - pesquisa sobre negro e a educação no Brasil. Rio de Janeiro: Ação educativa, Anped, Fundação Ford.

ANDRELINO, Valdeni; SOUZA, Edileuza, (1996) **A importância de conteúdos multirraciais nos currículos de formação de professores primários**. In: IV Congresso Luso-Afro-Brasileiro de Ciências Sociais; Instituto de Filosofia e Ciências Sociais da UFRJ - Rio de Janeiro, de 1 a 5 de setembro.

BASTIDE, Roger, (1971). **As Religiões Africanas no Brasil**: contribuição a uma sociologia das interpenetrações de civilização. São Paulo: Biblioteca Pioneira de Ciências Sociais. Primeiro e Segundo Volumes.

BOA MORTE, Teodorico, (1998) **Insurreição do Queimado em Poesia**. Serra. Ed. Cristiane.

BOTELHO, Denise Maria, (2005) **Educação e Orixás**: Processos Educativos no Ilê Axé Iya Mi Agba : Faculdade de Educação da Universidade de São Paulo - Tese de Doutorado.

BRANDÃO, Carlos Rodrigues, (1977a). **Peões, Pretos e congos**. Brasília: Ed. UnB.

_____.(1977b). **A dança dos congos da cidade de Goiás**. Brasília: Ed. UnB.

Repensando nossa escola. São Paulo: Selo Negro.

CARDOSO, Marcos Antônio; SANTOS, Elzelina Dóris dos; Ferreira, Ednéia Lopes, (2003). **Contando a História do Samba**. Belo Horizonte : Maza.

CASTANHA, Marilda, (2001). **Agbalá**: um lugar continente. Belo Horizonte: Formato.

CASTRO, Yeda Pessoa de, (2002) **A língua mina-jeje no Brasil**: um falar africano em Ouro Preto do século XVIII. Belo Horizonte: Fundação João Pinheiro; Secretaria de Estado da Cultura.

CAVALLEIRO, Eliane, (2005). **Introdução** In: Educação antirracista: caminhos abertos pela Lei Federal nº 10.639/03. Brasília Secretaria de Educação Continuada, Alfabetização e Diversidade / Ministério da Educação (Educação para todos).

_____, (2003). **Do silêncio do lar ao silêncio escolar**: racismo, preconceito e discriminação na educação infantil. 3.ed. São Paulo: Contexto.

_____ (2001) **Educação antirracista**: compromisso indispensável para um mundo melhor In: CAVALLEIRO, E. (Org.) Racismo e antirracismo na educação:

_____ (2000). **Discursos e práticas racistas na educação infantil**: a produção da submissão social e do fracasso escolar. In: Educação, racismo e antirracismo. Salvador: Novos Toques, n.4.

CLÁUDIO, Afonso, (1979). **Insurreição do Queimado**: episódio da província do Espírito Santo. Vitória: Fundação Cecliano Abel de Almeida.

CUNHA Jr., Henrique, (2002). **Semana de cultura negra na escola**. In: Revista Educação em Debate II – n.14, Julho.

_____ (2001) **Africanidades, afrodescendência e educação**. In: Revista Educação em Debate, Ano 23, v.2, n.42. Fortaleza.

_____ (1996) **Africanidades brasileiras e afrodescendências**. Mimeografado. Teresina.

_____ (1991). **África e diáspora africana** - Mimeografado. Curso sobre cidadania e relações raciais. ABREVIDA - Prefeitura de São Paulo.

_____ (1987a). **A indecisão dos pais face à percepção da discriminação racial na escola pela criança**. In: Cadernos de Pesquisa Revista de Estudos e Pesquisa em Educação Fundação Carlos Chagas :Novembro / Número 83

_____ (1987b). **Negros na noite**. São Paulo : EDICON.

_____ **O ensino da história africana**. In: Casa da Mulher Negra, Santos, s/d

ELTON, Elmo, (1988). **São Benedito**: sua devoção no Espírito Santo. Vitória: Departamento Estadual de Cultura-ES. Ministério da Cultura.

FANON, Frantz, (1983). **Pele negra máscaras brancas**. Rio de Janeiro: Fator.

FRANCISCO, Dalmir, (1992). **Ancestralidade e política de sedução**. In: SANTOS, J. E. (Org.) Democracia e diversidade humana. Salvador: SECNEB.

FONSECA, Hermógenes Lima. **Folclore no Espírito Santo**. Vitória s/d

FOUCAULT, Michel, (1999). **Vigiar e punir**: nascimento da prisão. 20.ed. Petrópolis: Vozes. Raquel Ramalhete (trad.).

_____ (2004), **Microfísica do poder**. 20.ed. Rio de Janeiro: Graal.

FUNARTE. Instituto Nacional do Folclore, (1982). **Atlas folclórico do Brasil**: Artesanato, dança e folguedos – Espírito Santo. Rio de Janeiro.

GOMES, Flávio dos Santos, (1995). **Histórias de quilombolas**: mocambos e comunidades de senzalas no Rio de Janeiro século XIX. Rio de Janeiro: Arquivo Nacional.

GOMES, Nilma Lino, (2005). **Educação e relações raciais**: refletindo sobre algumas estratégias de atuação. In: Superando o Racismo na Escola. MUNANGA, Kabengele, organizador – Brasília Secretaria de Educação Continuada, Alfabetização e Diversidade / Ministério da Educação.

_____ (2004) **Práticas pedagógicas e questão racial**: o tratamento é igual para todos/as? In: DINIZ, Margareth; VASCONCELOS, Renata Nunes: Pluralidade Cultural e inclusão na formação de professoras e professores. Belo Horizonte: Formato. p.80-108

_____ (2001). **Educação cidadã, etnia e raça**: o trato pedagógico da diversidade. In: CAVALLEIRO, Eliana (Org.) Racismo e antirracismo na educação: repensando nossa escola. São Paulo: Selo Negro. p.83-96

_____ (1995). **A mulher negra que vi de perto**. Belo Horizonte: Mazza.

GONÇALVES, Luiz Alberto de Oliveira, (1987). **Reflexão sobre a particularidade cultural na educação das crianças negras**. In: Cadernos de Pesquisa. Revista de Estudo e Pesquisa em Educação. São Paulo: Fundação Carlos Chagas, Novembro n.63.

GONÇALVES, Luiz Alberto de Oliveira; SILVA, Petronilha Beatriz Gonçalves e. **O jogo das diferenças**: o multiculturalismo e seus contextos. Belo Horizonte: Autêntica.

GUSMÃO, Neuza Maria, (2003). **Diversidade e educação escolar**: os desafios da diversidade na escola. In: GUSMÃO, N. M. (Org.). Diversidade, cultura e educação: olhares cruzados. São Paulo: Biruta.

HASENBALG, Carlos Alfredo, (1987). **Discriminação e desigualdades raciais no Brasil**. Rio de Janeiro: Graal.

LYRA, Maria Bernadette Cunha de, (1981). **O jogo cultural do ticumbi**. Mestrado em comunicação. Universidade Federal do Rio de Janeiro.

LUCAS, Glaura, (2002). **Os sons do Rosário**: o congado mineiro dos Arturos e Jatobá. Belo Horizonte: UFMG.

LUZ, C.P. Narcimária, (1996). **Pawódà**: dinâmica e extensão... In: LUZ, C.P. Narcimária. Pluralidade Cultural e Educação. Salvador: SECNEB.

_____ (1997). **O patrimônio civilizatório africano no Brasil**: Páwódà - Dinâmica e Extensão do conceito de Educação Pluricultural. In: RUFINO, Joel (Org.).Negro Brasileiro Negro –. Rio de Janeiro: Revista IPHAN, n.25 p.99-209.

_____ (1998a). **Obstáculos ideológicos à dinâmica da pesquisa em educação**. In: Revista da Faeba. Educação e Literatura. Salvador, UNEB – Departamento de Educação, Campos I, ano 7 n.10 jul/dez.

_____ (1998b). **Odara**: os contos de Mestre Didi. In: Revista da Faeba. Educação e Literatura. Salvador, UNEB – Departamento de Educação, Campus I, ano 7 n 9 jan/jun.

_____ (2000a). **Abebe**: a criação de novos valores na educação. Salvador: SECNEB.

_____ (2000b). **Bahia, a Roma negra**: estratégias comunitárias e educação pluricultural. In: Revista da Faeba. Educação e Contemporaneidade. Salvador, UNEB – Departamento de Educação, Campus I, ano 9, n. 13, jan-jun.

_____ (2000c). **Descolonização e educação**: uma proposta política... In: Sementes – caderno de pesquisa. Salvador, UNEB – Departamento de Educação, Campus I, v. 1, n. 1/2. p. 8-12.

_____ (2002) **Opa Aiyê Orun**: urge uma ética do futuro para a educação contemporânea. In: Sementes – caderno de pesquisa. Salvador, UNEB – Departamento de Educação, Campus I, v. 1, n. 1/2. p.75-87.

_____ (1999). **Wasoju**: dinâmica da expansão existencial das diversas contemporaneidades. In: Revista da Faeeba. Educação e Contemporaneidade. Salvador, UNEB – Departamento de Educação, Campus I, ano 8, n.12, jun-dez.

_____ (2004). **Palmares hoje**: educação, identidade e pluralidade nacional. In: BOAVENTURA, Edivaldo M.; SILVA Ana Celia da. O Terreiro, a quadra e a roda": formas alternativas de educação da criança negra em Salvador. Programa de Pós Graduação em Educação da FACED- UFBA.

LUZ, Marco Aurélio, (1995). **Agadá**: dinâmica da civilização africano-brasileira. Salvador: Centro editorial e didático da UFBA.

_____ (1992a). **Da porteira para dentro, da porteira para fora...** In: SANTOS, J. E. (Org.) Democracia e diversidade humana. Salvador: SECNEB, p.57-74.

_____ (1992b). **Cultura negra em tempos pós-modernos**. Salvador: SECNEB.

_____ (1996b). **Racismo, cidadania e legitimação da tradição africano-brasileira**. In: Luz, C.P. Narcimária. Pluralidade Cultural e Educação. Salvador: SECNEB.

MACIEL, Cleber, (1992). **Candomblé e Umbanda no Espírito Santo**: práticas culturais religiosas afro-capixabas. Vitória: Departamento Estadual de Cultura.

_____ (1994). **Negros do Espírito Santo**. Vitória: Departamento Estadual de Cultura, Secretaria de produção e Difusão Cultural/ UFES.

MARTINS, Leda Maria, (1997). **Afrografias da memória**: o reinado do Rosário no Jatobá. Belo Horizonte: Mazza.

MATTOS, Guimarães Carmen Lúcia, (2004). **A abordagem etnográfica na pesquisa**: imagens da exclusão. Sementes caderno de pesquisa, Salvador: UNEB,v.5, n.7/8, p.58-66.

MAZÔCO, Eliomar Carlos, (1993). **O congo de máscaras**. Vitória: Universidade Federal do Espírito Santo/ Secretaria de Produção e Difusão Cultural.

MENEZES, Waléria. (2002). **O preconceito racial e suas repercussões na instituição Escola**. Agosto.

MORAES, Aparecida Fonseca, (1984). **Como pensar as diferenças?** Rio de Janeiro: Neap, p.33 (mimeografado).

MOURA, Gloria. (2005) **O direito à diferença**. In: MUNANGA, Kabeengele (Org.). Superando o Racismo na Escola. Brasília: Ministério da Educação, Secretaria de Educação Continuada, Alfabetização e Diversidade.

_____ (1999). **Os quilombos contemporâneos e a educação**. In: Revista Humanidades: Consciência Negra. n.47, novembro, UnB

MUNANGA, Kabengele, (1992). **Racismo, alteridade, identidade, cidadania, democracia**. In: SANTOS, J. E. (Org.). Democracia e diversidade humana. Salvador: SECNEB, (57 a 74).

NASCIMENTO, Eliza Larkir, (2003). **O sortilégio da cor**: identidade raça e gênero no Brasil. São Paulo: Summus.

NEVES, Guilherme Santos, (1980). **Bandas de Congo**. Funarte. Instituto Nacional do Folclore. Rio de Janeiro (Cadernos de Folclore- 30)

_____ (1978). **Folclore brasileiro**: Espírito Santo. Rio de Janeiro: Funarte.

_____ (1954). **Casacá**: instrumento musical indígena. Folclore, Vitória, v.5, n.30-31, p.15, maio/ago.

OLIVEIRA, Eduardo, (2003a). **Cosmovisão africana no Brasil**: elementos para uma filosofia afrodescendente. Fortaleza: Ibeca.

OLIVEIRA, Iolanda, (1999). **Desigualdades raciais**: construções da infância e da juventude. Niterói: Intertexto.

_____ (2000). **Relações raciais e educação**: recolocando o problema. In: LIMA, Ivan Costa; SILVEIRA, Sônia Maria (Org.). Negros, territórios e educação. Florianópolis : nº. 7 Núcleo de Estudos Negros/ NEN.

_____ (Org.), (2002). **Relações raciais e educação**: temas contemporâneos. Cadernos Penesb. Niterói.

OLIVEIRA, Rachel de, (2003b). **Projeto vida e história das comunidades remanescentes de quilombos no Brasil**: um ensaio de ações afirmativas. In: SILVA, Petronilha Beatriz Gonçalves e; SILVÉRIO, Valter Roberto. Educação e Ações Afirmativas – Entre a injustiça simbólica e a injustiça econômica. Brasília: Instituto Nacional de Estudos e Pesquisas Educacionais Anísio Teixeira.

PEREIRA, Edimilson de Almeida; GOMES, Núbia Pereira de Magalhães, (2001). **Ardis da Imagem**. Belo Horizonte: Mazza.

_____ , (2002). **Flor do não esquecimento**: cultura popular e processo de transformação. Belo Horizonte: Autêntica.

_____ (2000). **Negras raízes mineiras**: os Arturos. Belo Horizonte: Mazza.

PORTELA, Adélia e outros, (1997). **Educação e os afro-brasileiros**: trajetória, identidade e alternativas. Salvador: Novos toques.

SÁ, Rômulo Cabral de, (2004). **Cerâmica e cultura popular**: modelando a cidadania. Vitória. Pós-graduação especialização em Arteterapia, Vitória.

_____ (2003). **O carnaval de congo de Roda d'Água**. Cariacica.

SACARRÃO, Germano da Fonseca, (1989). **Raça e racismo ou desprezo pelo outro**. Parte 3: o racismo e a falsa referência à Biologia. In: Biologia e sociedade, v.2. Mem Martins - Europa-América. p.140-174.

SANTA ROSA, Nereide Schilaro, (2001). **Brinquedos e brincadeiras**. São Paulo: Moderna. (Arte e raízes).

SANTANA, Patrícia Maria Souza de, (2001). **Rompendo as barreiras do silêncio**: projetos pedagógicos discutem relações raciais em escolas da rede municipal de ensino de Belo Horizonte. In: SILVA, Petronilha Beatriz Gonçalves e; PINTO, Regina Pahim (Org.). Negro e Educação – Presença do negro no sistema educacional brasileiro. São Paulo: Ação Educativa, Anped, Fundação Ford. p.37-52.

SANTANA, Patrícia, (2004). **Professor@s negr@s**: trajetórias e travessias. Belo Horizonte: Mazza.

SANTOS, Inaicyra Falcão dos, (2002). **Corpo e ancestralidade**: uma proposta pluricultural de dança-arte-educação. Salvador: EDUFBA,

SANTOS, Juana Elbein dos, (1988). **Os nagô e a morte**: pàde, àsèsè e o culto égun na Bahia. Petrópolis: Vozes.

_____ (Org.), (1992). **Democracia e diversidade humana**: desafio contemporâneo. Salvador: SECNEB,

SANTOS, Lea A. F., (2000). **Ancestralidade e educação**. In: Sementes – caderno de pesquisa. Salvador: UNEB – Departamento de Educação, Campus I, v. 1, n. 1/2.

SANTOS, Marcos Ferreira, (2005a). **Ancestralidade e convivência no processo identitário**: a dor do espinho e a arte na paixão entre Karabá e Kiriku. In: Educação antirracista: caminhos abertos pela Lei Federal n. 10.639/03. Brasília: Secretaria de Educação Continuada, Alfabetização e Diversidade / Ministério da Educação (Educação para todos).

SANTOS, Sales Augusto, (2005b). **A lei n. 10.639/03 como fruto da luta antirracista do movimento negro**. In: Educação antirracista: caminhos abertos pela Lei Federal nº 10.639/03. Brasília Secretaria de Educação

Continuada, Alfabetização e Diversidade / Ministério da Educação (Educação para todos).

SILVA, Ana Célia da, (2001). **Desconstrução da discriminação no livro didático**. Salvador: EDUFBA

_____ (2003a). **Desconstruindo a discriminação do negro no livro didático**. Salvador: EDUFBA,

_____ (2005). **Desconstruindo a discriminação do negro no livro didático**. In: Superando o Racismo na Escola. MUNANGA, Kabengele, (Org.). Brasília Secretaria de Educação Continuada, Alfabetização e Diversidade / Ministério da Educação.

SILVA, Ana Célia da; BOAVENTURA, Edivaldo M. (Org.), (2004). **O terreiro, a quadra e a roda**: formas alternativas de educação da criança negra em Salvador. Salvador: UNEB.

SILVA, José Antônio Novaes da, (2000a). **A escola como instrumento de resgate da cidadania**. In: LIMA, Ivan Costa; SILVEIRA, Sônia Maria (Org.). Negros, territórios e educação. Florianópolis: n.7 Núcleo de Estudos Negros/ NEN.

SILVA, Petronilha B. Gonçalves.(Org.), (2002). **Experiências étnico-culturais para a formação de professores**. Belo Horizonte: Autêntica.

SILVA, Petronilha Beatriz Gonçalves e, (2003b). **Aprender a conduzir a própria vida**: dimensões do educar-se entre afrodescendentes e africanos. In: BARBOSA, Lucia Maria de Assunção; SILVA, Petronilha Beatriz Gonçalves e; SILVERIO, Valter Roberto (Org.). De preto a afrodescendente. São Carlos: Edufscar.

_____ (2000c). **Dimensões e sobrevivências de pensamento em educação em territórios africanos e afro-brasileiros**. In: LIMA, Ivan Costa; SILVEIRA, Sônia Maria (Org.). Negros, territórios e educação. Florianópolis: n.7 Núcleo de Estudos Negros/ NEN.

SODRÉ, Muniz, (2001). **Reinventando a cultura**: a comunicação e seus produtos. 4.ed. Petrópolis: Vozes.

_____ (2002). **O terreiro e a cidade**: a forma social negro brasileira. Salvador: Secretaria da Cultura e Turismo/ IMAGO.

_____ (1998) **Samba, o dono do corpo**. 2.ed. Rio de Janeiro: Mauad.

_____ (1997). **Corporalidade e liturgia negra**. In: RUFINO, Joel (Org.). –. Rio de Janeiro: Revista IPHAN, n.25. p.29-33.

_____ (1988). **A verdade seduzida**. 2.ed. Rio de Janeiro: Francisco Alves.

SOUZA, Edileuza Penha de, (2001). **Identidade Capixaba**. Prefeitura de Vitória Secretaria de Cultura : Vitória.

_____ (1994). **Mulher negra**: sua sexualidade e seus mitos. In: QUINTAS, Fátima(Org.). Mulher Negra: preconceito, sexualidade e imaginário. Recife: Fundação Joaquim Nabuco/ Massangana.

SOMÉ, Sobonfu, (2003). **O espírito da intimidade**: ensinamentos ancestrais africanos sobre maneiras de relacionar. São Paulo: Odysseus.

SOUZA, Marina Mello de, (2002). **Reis negros no Brasil escravista**: história da festa de coroação de Rei Congo. Belo Horizonte: UFMG.

SOUZA, Neuza Santos, (1983). **Tornar-se negro**: ou as vicissitudes da identidade do negro brasileiro em ascensão social. 2.ed. Rio de Janeiro: Graal.

TEODORO, Helena, (2005). **Buscando caminhos nas tradições**. In: Superando o racismo na escola. MUNANGA, Kabengele (Org.). Brasília: Secretaria de Educação Continuada, Alfabetização e Diversidade / Ministério da Educação.

_____ (1987a). **Educação e identidade**. In: Cadernos de Pesquisa Revista de Estudos e Pesquisa em Educação Fundação Carlos Chagas, nov., n.83.

TEODORO, Maria de Lurdes, (1987b). **Identidade, cultura e educação**. In: Cadernos de Pesquisa. Revista de Estudo e Pesquisa em Educação. São Paulo: Fundação Carlos Chagas, nov., n. 63.

TURRA, Cleuza e; VENTURI, Gustavo (Org.), (1995). **Racismo cordial**: a mais completa análise sobre o preconceito de cor no Brasil. São Paulo: Ática.

CD-

Canções do Folclore Capixaba – Vitória: Banestes, 1994.

Congado Mineiro 1– Coleção Itaú Cultural.

Opereta Cabocla – Banda de congo da Barra do Jucu – Compact DISC, 1999.

Congo – O Canto da Alma – homenagem ao Mestre Antonio Rosa.

Banda de Congo - Amores da Lua 50 Anos, Vitória.

Canções Folclóricas do Espírito Santo.

Fita VHS: Feiticeiros da Palavra – Direção Rubens Xavier- Núcleo documentário da TV Cultura/ Associação cultural Cachuera.

Filme – Na Rota dos Orixás.

TICUMBI / ES

Documentário Sonoro·do Folclore Brasileiro n.29

Ministério da Educação e Cultura

Secretaria de Assuntos Culturais – Fundação Nacional de Arte – Funarte

Campanha de defesa do folclore brasileiro, 1979

BANDA DE CONGO / ES

Documentário Sonoro do Folclore Brasileiro n.33

Ministério da Educação e Cultura

Secretaria de Assuntos Culturais – Fundação Nacional de Arte – Funarte

Instituto Nacional do Folclore

Secretaria de Estado da Cultura e do Bem-Estar Social / Fundação Cultural do Espírito Santo

Esta obra foi produzida em Arno Pro Light 13 e impressa na gráfica Trio
Gráfica Digital no Rio de Janeiro em março de 2024